LINGUAGEM, CONTEXTO E TEXTO

ASPECTOS DA LINGUAGEM EM UMA PERSPECTIVA SOCIOSSEMIÓTICA (PARTE B)

Título original: Language, contexto and text: aspects of language in a social-semiotic perspective

@1985 by Press Deakin University Publishing Unit,

Reprinted with corrections 1989
Deakin University, Geelong, Victoria, Australia 3217
ISBN: 0 7300 0307 8.

Catalogação na Fonte
Elaborado por: Josefina A. S. Guedes
Bibliotecária CRB 9/870

H344l
2024

Hasan, Ruqaiya
Linguagem, contexto e texto: aspectos da linguagem em uma perspectiva sociossemiótica (Parte B) / Ruqaiya Hasan; tradução Alex Caldas Simões.
1. ed. – Curitiba: Appris, 2024.
108 p. ; 21 cm. – (Linguagem e literatura).

Inclui referências.
ISBN 978-65-250-5780-4

1. Linguagem e línguas. 2. Semântica. 3. Sociolinguística. I. Título. II. Série.

CDD – 407

Livro de acordo com a normalização técnica da ABNT

Appris editora

Editora e Livraria Appris Ltda.
Av. Manoel Ribas, 2265 – Mercês
Curitiba/PR – CEP: 80810-002
Tel. (41) 3156 - 4731
www.editoraappris.com.br

Printed in Brazil
Impresso no Brasil

Ruqaiya Hasan
Tradução: Alex Caldas Simões

LINGUAGEM, CONTEXTO E TEXTO

ASPECTOS DA LINGUAGEM EM UMA PERSPECTIVA SOCIOSSEMIÓTICA (PARTE B)

FICHA TÉCNICA

Dedico esta obra à minha família e esposa,
que me acompanharam nessa odisseia acadêmica.

AGRADECIMENTOS

Agradeço à Profesoora Dr.ª Wendy L. Bowcher, da Universidade de Sun Yat-sen (China), e ao Professor Dr. Geoff Williams, da Universidade de Sydney (Austrália), que me conduziram a Luke Watsford, representante da editora da universidade de *Deakin* para negociação dos direitos de publicação.

Agradeço à editora da universidade de *Deakin* pela liberação dos diretos de publicação para a tradução para o português da obra *Language, context and text: aspects of language in a social-semiotic,* em seus capítulos 4 e 6.

Agradeço ao professor Dr. Orlando Vian Júnior, da Universidade Federal de São Paulo (UNIFESP), e à professora Dr.ª Sara Regina Scotta Cabral, da Universidade Federal de Santa Maria (UFSM), pela tradução técnica e pelas sugestões e correções realizadas na presente tradução.

Agradeço ao meu amigo e professor Dr. João Paulo Matedi Alves, do Instituto Federal do Espírito Santo (Ifes), pelo apoio na revisão da tradução aqui apresentada e por suas reflexões, debates e correções realizadas.

Agradeço à professora Annabelle Lukin, da Universidade de Macquarie (Austrália), pelo prefácio à obra.

Agradeço ao Instituto Federal do Espírito Santo (Ifes), pelo apoio financeiro concedido para publicação desta obra.

PREFÁCIO

Fiquei muito feliz quando o professor Alex Caldas me convidou para escrever um breve prefácio para sua tradução dos capítulos de Hasan publicados em conjunto com M.A.K. Halliday, *Language Context and Text: Aspects of Language in a Social Semiotic Perspective* (HALLIDAY; HASAN, 1985). Estou encantada em ver esta obra de Hasan sobre o contexto sendo traduzida para estudiosos brasileiros e de outros países lusófonos. Tenho certeza de que Ruqaiya ficaria muito contente com o interesse e comprometimento do professor Alex com o seu trabalho. Em uma disciplina que permanece predominantemente masculina e centrada no ocidente, o trabalho de Hasan oferece aos seus leitores uma entrada na disciplina muito informada por sua experiência de vida como mulher de uma comunidade subalterna, que viveu um evento altamente violento e polêmico no século XX (a divisão da Índia), e que viveu grande parte da sua vida adulta como mulher de uma comunidade minoritária no Reino Unido e na Austrália.

A publicação de seis volumes da coletânea de artigos de Hasan (até o momento da escrita no sétimo volume, a *Arte verbal*, ainda não foi publicada[1]) tem dado maior acessibilidade às suas ideias, embora apenas para aqueles capazes de digerir seus conteúdos complexos através do inglês. Um desses seis volumes é dedicado ao tema do contexto, e tem o título de *Context is the System and Process of Language*[2] (HASAN, 2016). Os artigos do volume abrangem um período de sua carreira, que vai de 1981 a 2014, o ano anterior à sua morte, em um período de mais de 30 anos. Mas o seu interesse pelo contexto remonta aos seus primeiros trabalhos sobre o texto literário, pelo menos já no início da década de 1970. Nas semanas anteriores à sua morte em 2015, Hasan estava trabalhando em um artigo importante sobre o conceito da variável de registro relações,

---

[1] N. T.: Segundo a editora, a previsão de publicação é março de 2025.

[2] N. T.: traduzido como "Contexto é o sistema e o processo da linguagem."

e este artigo incompleto foi publicado postumamente na revista *Language, Context and Text: The Social-Semiotics Forum* (HASAN, 2020).

Ao longo de sua carreira, Hasan investigou as relações entre texto e contexto a partir de diversas perspectivas. O contexto, argumentou ela, é uma parte necessária da linguística, e da Linguística Sistêmico-Funcional (LSF) em particular, porque "compreender a linguagem como um recurso para ação social na sociedade é o que realmente define a LSF" (HASAN, 2005, p. 69). Ela queria ser capaz de explicar como a linguagem pode ser incorporada em um ambiente material[3], ao mesmo tempo em que cria contextos nos quais a linguagem está completamente "desvinculada" de qualquer ambiente físico. Ela também procurou entender como o contexto não era simplesmente um conceito-chave em relação a cada ato específico de significado, mas, na verdade, era a força motriz para a evolução da linguagem. Além disso, ela trabalhou arduamente no problema de como modelar o papel do contexto de cultura em relação ao processo e à micropadronização da linguagem em um texto.

Os capítulos traduzidos e publicados nesse volume ilustram três vetores de pesquisa através dos quais Hasan apropriou-se do arcabouço teórico de Halliday e o ampliou. O capítulo 4[4], intitulado "A estrutura do texto", concentra-se no problema da estrutura do texto. Embora o modelo de gênero de Martin seja muito mais conhecido, o trabalho de Hasan sobre a estrutura do texto é anterior as contribuições de Martin (ver HASAN, 1978), e oferece uma perspectiva diferente dessa questão, e totalmente embasada na teoria de Halliday. No capítulo 4, Hasan elabora seu conceito de Configuração Contextual (CC), que ela define como uma combinação particular de valores ou características

---

[3] N. T.: Em Hasan (1989), a autora discute melhor o conceito de ambiente material. O conceito – do inglês *material setting* – pode ser entendido como o "ambiente físico [ou material] em que o texto pode estar sendo criado – onde se fala, se ouve, escreve, lê ou onde ele pode estar ocorrendo" (HASAN, 1989, p. 99, *apud* SIMÕES, 2020). Em 2020, postulamos que esse conceito se aproxima do conceito de suporte, cunhado por Luiz Antônio Marcuschi.

[4] N. T.: Nesse livro, o capítulo 4 do original em inglês foi indicado aqui como capítulo 1.

associadas à construção contextual de campo, relações e modo de Halliday. A Configuração Contextual é uma descrição dos "atributos significativos" de uma atividade social (HASAN, 1985, p. 56). As características de uma CC permitem fazer previsões sobre a estrutura do texto, incluindo os elementos obrigatórios e opcionais, quaisquer requisitos para a ordenação dos elementos e sua frequência.

O capítulo cinco[5], intitulado "O texto de um texto", complementa a discussão da estrutura com uma exploração da textura. Assim como a estrutura, a textura é uma característica fundamental da unidade do texto e também é uma função do contexto de situação. O capítulo não apenas resume os princípios da coesão em inglês – ver Halliday e Hasan (1976) –, mas oferece uma extensão dessas ideias em um quadro para o estudo da coerência, a partir de sua estrutura de "harmonia coesa", uma explicação de como o texto e as metafunções experienciais "encontram sua expressão em um todo coeso" (HASAN, 1985, p. 94). Hasan argumentou que esses padrões de textura refletem e criam as características mais delicadas de um contexto de situação (discutidos tanto em Hasan (1985), quanto posteriormente em Hasan (2004).

No capítulo 6[6], intitulado 'A identidade do texto', Hasan explora como compreender a conexão entre contexto e textura. Nesse capítulo, ela argumenta que a "situação" não é "acultural": ela nos convida a considerar a atividade social de ir às compras em contextos tão culturalmente distintos quanto uma visita à *Marks and Spencer* em Londres, em comparação com um mercado em Mombasa ou Madras. Seu capítulo tenta explicar a relação entre uma única instância de texto e o contexto cultural no qual está situado, e ao qual contribui – veja a Figura 6.1[7]. Um artigo relevante sobre o contexto, publicado pela primeira vez em 2001, intitulado *Wherefore context? The Place of Context in the System and*

[5] N. T.: Nesse livro, o capítulo 5 não foi traduzido.

[6] N. T.: Nesse livro, o capítulo 6 do original em inglês foi indicado aqui como capítulo 2.

[7] N. T.: Em nossa tradução, a figura é numerada como 2.1, ver capítulo 2.

Process of Language[8] fornece um diagrama mais claramente articulado dessas relações complexas (HASAN, 2001a, republicado em HASAN, 2016). Não tenho dúvidas de que foi a ampla experiência cultural de Hasan, combinada com sua mente exigente, que lhe permitiu avançar mais do que qualquer pessoa em nosso campo nas relações entre a padronização microlexicogramatical e os conflitos sociais sobre capital cultural e material. O capítulo final, intitulado "Coda", também é importante porque, embora Hasan tenha trazido modelos específicos para análise tanto da estrutura quanto da textura, ela compreendeu que todas essas propostas devem se curvar à imprecisão inerente da vida social. Finalmente, ela observa que a análise do texto nos leva a ver e compreender o "tecido da cultura" que está por trás das nossas interações mais comuns.

Esses três capítulos fornecem uma porta de entrada para as extensões mais profundas que Hasan trouxe para a teoria de Halliday. Ao longo de sua carreira, o contexto foi uma preocupação central. Ela examinou o papel do contexto na criação e na recepção do texto literário. Considerou seu lugar não apenas em relação à linguagem, mas em relação a todos os sistemas semióticos, uma investigação que a levou a desenvolver uma taxonomia elaborada de tipos de signos (ver HASAN, 2014a). Ela desconstruiu a ideia de "descontextualização" – todos os textos têm contexto – ao mesmo tempo que explorava o significado de "contexto" para textos inerentemente deslocados de sua situação material (veja, por exemplo, HASAN, 2001b). Explorou o potencial de mais de um contexto estar se desdobrando ao mesmo tempo (em, por exemplo, HASAN, 1999). E ela aplicou a tecnologia da LSF da rede de sistemas para desenvolver descrições de características mais detalhadas dos construtos contextuais originais de Halliday (veja HASAN, 1999, 2014b, 2020).

---

[8] N.T.: Traduzido como "Por que o contexto? O Lugar do Contexto no Sistema e Processo da Linguagem".

Hasan demonstra que o contexto é um conceito fundamental, que conecta a linguagem e o texto à sociedade. Ela argumenta que o "contexto real para a conceptualização da categoria de contexto na linguística" é "uma trindade na qual nenhum membro pode existir sem os outros dois". Essa trindade, ecoada no título do primeiro volume de suas Obras Completas (*Linguagem, Sociedade e Consciência*), é composta pela "sociedade, pela semiótica e pelo cérebro" (HASAN, 2001a, p. 17). É fácil argumentar que o trabalho de Hasan oferece uma análise mais detalhada e interdisciplinar do texto e do contexto em nossa disciplina.

Eu comemoro a iniciativa do professor Alex Caldas em oferecer sua tradução para publicação neste livro, e espero que outros sigam seu exemplo, para que possamos ter mais traduções das contribuições muito importantes de Hasan para um dos temas mais relevantes de nossa disciplina.

Annabelle Lukin

Professora e pesquisadora da Universidade de Macquarie, Austrália

Bibliografia

HALLIDAY, M. A. K., & Hasan, R. *Cohesion in English*. London: Longman, 1976.

HALLIDAY, M. A. K., & Hasan, R. *Language, Context and Text:* Aspects of language in a social-semiotic perspective. Geelong: Deakin University Press, 1985.

HASAN, R. Text in the systemic-functional model. *In*: W. Dressler (ed.), *Current Trends in Text Linguistics* (p. 228-228). Berlin: de Gruyter, 1978.

HASAN, R. Speaking with reference to context. *In*: M. Ghadessy (ed.), *Text and Context in Functional Linguistics: Systemic Perspectives* (p. 219-328). Amsterdam/Philadelphia: John Benjamins, 1999.

HASAN, R. Wherefore context? The Place of Context in the System and Process of Language. *In*: R. Shaozeng, W. Guthrie, & I. W. R. Fong (ed.), *Grammar and Discourse: proceedings of the International Conference on Discourse Analysis* (p. 1-21). Macau: Universidad de Macau, 2001a.

HASAN, R. The ontogenesis of decontextualised language: Some Achievements of classification and framing. *In*: A. Morais, I. Neves, B. Davies, & H. Baillie (ed.), *Towards a sociology of pedagogy:* The contribution of Basil Bernstein to research (p. 47-79). New York and Oxford: Peter Lang, 2001b.

HASAN, R. Analysing Discursive Variation. *In*: L. Young & C. Harrison (ed.), *Systemic functional linguistics and critical discourse analysis*: studies in social change (p. 15-52). London and New York: Continuum, 2004.

Hasan, R. Language and society in a systemic functional perspective. *In*: R. Hasan, C. M. I. M. Matthiessen, & Jonathan J. Webster (ed.), *Continuing Discourse on Language: A Functional Perspective Volume 1* (p. 55-80). London: Equinox, 2005.

HASAN, Ruqaiya. Linguistic sign and the science of linguistics: The foundations of appliability. *In*: Fang Yan, & Jonathan J Webster (ed.), *Developing systemic functional linguistics*, 106-137. London: Equinox, 2014a.

HASAN, Ruqaiya. Towards a Paradigmatic Description of Context: Systems, Metafunctions, and Semantics. *Journal of Functional Linguistics*, v. 1, n. 9. 2014b. DOI: https://doi.org/10.1186/s40554-014-0009-y

HASAN, Ruqaiya. Context in the system and process of language. *Volume 4 in the Collected Works of Ruqaiya Hasan*. London: Equinox, 2016.

HASAN, Ruqaiya. Tenor: Rethinking Interactant Relations. *Language, Context and Text:* The Social Semiotics Forum, v. 2, n. 2, p. 213-333, 2020.

NOTA À EDIÇÃO BRASILEIRA

A obra aqui traduzida é de autoria de Ruqaiya Hasan, do inglês *Language, context and text: aspects of language in a social-semiotic perspective* (Parte B), de 1985 e reeditada em 1989. Da obra, optamos por traduzir somente os capítulos 4 e 6 – aqui chamados de capítulo 1 e 2, respectivamente. Os direitos da obra foram cedidos pela editora da universidade de Deakin em janeiro de 2023.

Nosso objetivo é tornar acessível ao público brasileiro as discussões acadêmicas relativas à *Generic Structure Potential* (GSP), mais popularmente conhecida e divulgada no Brasil por Estrutura Potencial do Gênero (EPG) – ainda que outras traduções e críticas ao termo possam existir.

Uma discussão complementar ao capítulo 2 dessa tradução, que aborda diretamente o estudo da EPG, pode ser encontrada em: (1) HASAN, R. 'Text in the Systemic-Functional Model'. *In*: W. Dressler (ed.). *Current Trends in Text Linguistics*. Berlin: Walter de Gruyter, 1977. p. 228-246; e, de forma ampliada, em (2) HASAN, R. The nursery tale as a genre. *Nottingham linguistic circular*, v. 13, p. 71-102, 1984.

Em português, para leitores iniciantes, ainda indico a leitura da obra: SIMÕES, Alex Caldas. *A Estrutura Potencial do Gênero:* uma introdução às postulações sistêmico-funcionais de Ruqaiya Hasan. Curitiba: Appris, 2020. p. 53-65 (Cap. 4 – As postulações de Ruqaiya Hasan: aspectos conceituais); p. 123-129 (Cap. 7 – As postulações de Ruqaiya Hasan: críticas e limitações).

Nosso livro, por se tratar da tradução de capítulos isolados de uma obra maior e com mais capítulos, consideramos a **título de esclarecimento a seguinte referência à obra original:**

Tabela 1 – Corresponência do original para a tradução em língua portuguesa

Obra original	**Obra traduzida**	**Comentário**
Cap. 1	Há menção na *introdução* do capítulo 1 e do capítulo 2, seção *Cultura, Situação e CC*	O capítulo é de autoria de Halliday e aborda o conceito de contexto de situação.
Cap. 5	Há menção na *introdução* do capítulo 2 e no capítulo 2, seção *Contexto, estrutura e textura,* e seção *Textura, estrutura e contexto*	O capítulo é de autoria de Hasan e discute a textura do texto, o que recupera aspectos da obra de Halliday e Hasan, *Cohesion in English,* de 1976.
Cap. 4	Na obra traduzida corresponde ao Capítulo 1	O capítulo apresenta a estrutura do texto, a unidade de estrutura do texto, que corresponde ao gênero.
Cap. 6	Na obra traduzida corresponde ao Capítulo 2	O capítulo discute o que faz um texto ser único e, da mesma forma, o que define um gênero de texto e qual a relação entre o gênero e a cultura.

Fonte: do autor

Também traduzimos aqui as designações de "Tabela", no original, por "Figura." Acrescentamos a tradução de "Tabela" por "Diagrama" no capítulo 2 (2.1; 2.2; e 2.3), uma vez que eles correspondem a diagramas propriamente ditos e não a figuras. Vale dizer ainda que algumas notas explicativas do texto original, que funcionavam como paratextos explicativos, foram eliminadas, em especial àqueles que indicavam somente páginas e informações evidentes do texto.

Acreditamos que as correlações e demais alterações aqui estabelecidas não comprometem a leitura e o sentido do texto original. Pelo contrário, elas possibilitam a leitura da tradução dos capítulos como uma obra única e coesa.

Em homenagem à autora e à sua teorização, acrescentamos à tradução tiras de homenagem de nossa autoria, na qual aspectos centrais da teoria sistêmico-funcional são apresentados. Essa é a nossa forma particular de celebrar a vida e obra de Ruqaiya Hasan. No conjunto da obra, apresentamos ao público brasileiro um trabalho inédito em língua portuguesa. Por seu pioneirismo, acreditamos que aprimoramentos e críticas podem ser feitas e serão bem-vindas para uma segunda edição ou reedição.

Alex Caldas Simões

Tradutor

SUMÁRIO

INTRODUÇÃO

No ano de 2017, mais precisamente no segundo semestre, estava cursando parte do meu doutorado em Letras da UERJ na Universidade do Chile, em Santiago, sob orientação do professor Dr. Federico Navarro. Na ocasião, ele e Annabelle Lukin, e uma grande equipe de pesquisadores, estavam finalizando a tradução, do inglês para o espanhol, do livro *Obras esenciales de M.A.K. Halliday* (Ediciones UNL, 2017). Nesse livro – obra sem igual – contém o último texto escrito por Halliday, que viria a falecer no início de 2018. Acompanhei parte desse projeto pelos comentários que Federico me fazia antes de nossas reuniões de orientação. Sua empolgação era notável; foi um estímulo ao meu trabalho.

Comecei, então, ali em Santiago, as primeiras versões da tradução que hoje publicamos. Quando retornei ao Brasil, passei a usar essas primeiras traduções como "traduções pedagógicas" e não oficiais. Alguns de meus alunos de Iniciação Científica (IC) da época tiveram acesso a esses textos.

No início de 2022, resolvi reunir esse material para publicação. Mas antes disso precisava ter os direitos da obra de Hasan. Já havia me correpondido com Wendy Bowcher uma vez e, tendo ciência de sua relação com Hasan, resolvi perguntar sobre os direitos de publicação da obra de 1989. Ela foi essencial para a busca dos direitos da tradução. Por sua experiência na tradução da Obra de Halliday, perguntei para Federico se a tradução da obra de Hasan era um projeto que valeria a pena. Ele me estimulou a seguir com o projeto e ainda me aconselhou a buscar a revisão da tradução por um par de especialistas brasileiros formados nas bases da teoria sistêmico-funcional.

Passado um tempo, Wendy me colocou em contato com Geoff Williams e ele me levou à editora que detinha os direitos da obra. Por razões diversas, os direitos de publicação só saíram em janeiro de 2023. De lá para cá, passei a cuidar da tradução. Primeiro busquei a revisão de minha tradução por um profissional da tradução. Em seguida, submeti os originais traduzidos à revisão técnica. Dos convites feitos, obtive o aceite de Orlando Vian Júnior e Sara Regina Scotta Cabral. O projeto estava, enfim, andando. Mas como no Brasil nem sempre as condições são ideais para o trabalho com a pesquisa os prazos foram extendidos algumas vezes.

Ao final, tendo todo o material reunido, passei o texto para a revisão geral da tradução. Nesse momento, João Paulo Matedi Alves, tradutor e professor, me orientou na melhor forma de finalizar aquela tradução, bem como sugeriu caminhos para tradução de partes específicas da obra.

Todo esse percurso configura a minha Odisseia de pesquisa, que findou no ano de 2024 com a publicação da obra.

Alex Caldas Simões

Doutor em Letras (UERJ). Pós-doutor em Letras (UNIFESP).

Professor e Pesquisador (Ifes, campus Venda Nova do Imigrante)

Imagem 1 – Tira de homenagem 1 – Hasan em tiras

Fonte: autoria de Alex Caldas Simões

Imagem 2 – Tira de homenagem 2 – Hasan em tiras

Fonte: autoria de Alex Caldas Simões

CAPÍTULO 1 – A ESTRUTURA DO TEXTO

Introdução

Deixe-me começar a partir de uma das questões básicas que Halliday já levantou no Capítulo 1 do livro *Language, context and text: aspects of language in a social-semiotic perspective*: o que é texto? Meu objetivo é expandir a definição que ele ofereceu: "Podemos definir texto de forma mais simples... como uma linguagem que é funcional. Por funcional, simplesmente queremos dizer linguagem que está realizando uma operação em algum contexto...". Quero mostrar em detalhes o que significa definir texto, como Halliday fez, como "linguagem que é funcional", "que está realizando uma operação em algum contexto de situação". Minha principal hipótese será a de que texto e contexto estão tão intimamente relacionados que nenhum desses conceitos pode ser enunciado sem o outro.

Mas antes de abordar este tema principal, deixe-me começar tomando a palavra "texto" em sentido bastante geral – sentido que está consagrado no dicionário *Chambers' Twentieth Century Dictionary* como

> [...] as palavras próprias de um livro, poema etc., em sua forma original ou qualquer forma em que tenham sido transmitidas ou transmutadas [...].

Pensando em texto dessa maneira, o que se poderia dizer sobre as suas características mais marcantes? O atributo que vem à mente mais rapidamente é o da UNIDADE. Claramente, não podemos conhecer – no sentido de estarmos familiarizados com – todos os livros, poemas etc., seja em sua forma original ou de outro modo; mas é evidente que, do mesmo modo, reconhecemos um texto no sentido de sermos capazes de discernir entre um texto e um "não texto", entre um texto completo e um incompleto. Estou sugerindo que a base desses julgamentos reside na noção de unidade.

A unidade em qualquer texto – seja escrito, como definido no dicionário, ou falado, como exigem as interações face a face – é de dois tipos principais:

- unidade de estrutura;
- unidade de textura.

Vou discutir primeiro a unidade de estrutura. A unidade de textura será discutida no capítulo seguinte[9].

Qual é a estrutura do texto?

Estrutura é um termo familiar, mas o que isso significa na expressão "a estrutura de um texto"? Provavelmente, a maneira mais fácil de explicar isso é criar uma paráfrase, para dizer, por exemplo, que se refere à estrutura geral, à estrutura global da forma de uma mensagem. Um exemplo simples servirá para ilustrar o que se quer dizer aqui. Durante uma visita ao Japão, meus colegas me levaram para ver uma peça de teatro *kabuki*, e eu tive a necessidade e a oportunidade de aprender um pouco sobre esta famosa forma de arte. Ao ler um pequeno livro relativo ao *kabuki*, aprendi que existe um gênero conhecido como *Sewamono*, dentro do qual existe um subgênero específico conhecido como *Enkirimono*. Aprendi também que o padrão básico em *Enkirimono* é que há uma ruptura de relações, seja entre um casal ou entre amantes. A razão para esse rompimento não é conhecida por um dos participantes, o membro abandonado do relacionamento, que toma isso como um ato cruel de deserção; mas, na realidade, o verdadeiro motivo por trás do abandono é nobre. Por exemplo, um marido poder-se-ia divorciar de uma esposa, a fim de impedi-la de sofrer as consequências de algum crime que ele poderia ter cometido. Agora, com base em todas essas informações, eu poderia postular que, em todos os casos de *Enkirimono*, haverá, pelo menos, três elementos de estrutura. Darei a esses elementos nomes descritivos, a fim de que, dessa forma, tenham um valor mnemônico:

1. o *Evento de Precipitação*: um evento que impulsiona a passagem de um estágio a outro. Assim, isso levaria ao elemento seguinte. Um exemplo de evento de precipitação, seria,

[9] Esse capítulo corresponde ao capítulo 5 da obra em inglês. Não foi traduzido nesta edição.

talvez, a gueixa que rejeita o seu amante ou o marido que informa sua esposa de que ele está se divorciando dela;

2. o *Evento Consequente*: um evento surgido como consequência do Evento Precipitativo;

3. a *Revelação*: o Evento Consequente leva a alguma revelação de fatos até então ocultos. A revelação leva a uma reinterpretação do Evento de Precipitação; a nobreza do ato se torna óbvia. O que tinha soado como um abandono cruel, agora assume proporções heroicas, sendo visto em seu verdadeiro propósito como um ato de devoção e autossacrifício.

Supondo que meu entendimento de *Enkirimono*, embora seja um esboço, esteja correto no essencial, postulamos três elementos que são essenciais para a estrutura de cada texto *Enkirimono*, que são: Evento de Precipitação, Evento Consequente e Revelação. Podemos nos referir aos estudos literários para esse tipo de conceito de estrutura textual. O modelo ocidental mais antigo amplamente conhecido é o da definição aristotélica da tragédia grega como constituído por três elementos: o começo, o meio e o fim. Pode-se ter reservas quanto a essa análise; não estou preocupada com isso neste momento. A minha única preocupação é fornecer exemplos que irão esclarecer o meu próprio uso dos termos "elemento de estrutura de um texto" e "estrutura genérica do texto". Então, como um primeiro passo, referi-me a dois gêneros: ao *Enkirimono* e à tragédia grega. Em cada caso, apresentei a presença de elementos de estrutura. Mas drama, épico, fábulas, ou sonetos – não importa o quanto são valorizados por uma comunidade – não são particularmente privilegiados a esse respeito. Mesmo o uso da língua que parece mais simples e menos especializado, como uma conversa casual, possui uma estrutura neste sentido (VENTOLA, 1979).

Entre a tragédia clássica e a diária conversação informal, existe uma ampla gama de gêneros, variando na medida em que a configuração global de sua mensagem parece ter um contorno definitivo. Por mais estranho que possa parecer, a estrutura de uma conversa informal é bem menos compreendida do que, digamos, o soneto petrarquiano, mesmo por aqueles de nós que se especializam em investigar a conversação. Muitos de nós ficariam surpresos com a sugestão de que há uma estrutura em um texto gerado no decorrer da compra de um quilo de batatas e três dentes de alho.

Neste capítulo, eu proponho abandonar os gêneros literários mais bem descritos em favor de um gênero que seja mais próximo de uma conversação que fecha o espectro. A invisibilidade da estrutura no último desses gêneros é justificativa suficiente para a decisão, mas há uma razão mais profunda. Uma compreensão dos gêneros em situações cotidianas – particularmente aqueles em que a linguagem funciona como um instrumento, por exemplo, no contexto da canoagem de Malinowski – ajuda-nos a ver claramente a estreita parceria entre a utilização da linguagem e a vida vivida.

Tal entendimento ajuda na descrição da relação entre linguagem e contexto também naquelas áreas em que esta parceria não é tão óbvia. Este é frequentemente o caso do texto escrito, mas particularmente com textos de arte verbal, filosofia e ciência – na verdade, em todas as áreas fora do domínio do conhecimento do senso comum. Para explicar o relacionamento entre textos do dia a dia e seu contexto, devemos invocar a noção de contexto de cultura de Malinowski. Apesar de discutir alguns aspectos dessa questão no Capítulo 2, não haverá tempo suficiente para acompanhar essa questão em tão grande detalhe como é necessário para falar sobre a relação do contexto com a estrutura do texto. Aqui, vou escolher um gênero que está mais próximo da situação de canoagem do que, digamos, do conto infantil (HASAN, 1984a) ou de uma fábula (HALLIDAY, 1977). Ele está integrado a um tipo de contexto que poderia ser descrito como INTERAÇÃO FOCADA e, dentro deste, mais especificamente, pertence ao gênero ENCONTRO DE SERVIÇOS[10], no qual os participantes assumem o papel de buscadores e vendedores de bens e/ou serviços.

---

[10] N.T.: O termo também é utilizado na literatura como Prestação de Serviços. Optamos aqui por "Encontro de Serviços", pois é a tradução mais sedimentada nos grupos de estudos sobre os gêneros textuais e/ou discursivos.

Um texto e seu contexto

Deixe-nos primeiramente apresentar um texto.

Texto 1.1

Gênero Encontro de serviços

C: Me vê dez laranjas e um quilo de bananas, por favor?
V: Sim, mais alguma coisa?
C: Não, obrigado.
V: Ficou em um dólar e quarenta.
C: Dois dólares.
V: Sessenta, oitenta, dois dólares. Obrigado.

O Texto 1.1 é um exemplo do gênero Encontro de serviços. Qualquer um que conheça a língua inglesa e esteja um pouco familiarizado com a cultura ocidental não terá nenhuma dificuldade em "inserir" este texto no contexto que lhe seja apropriado. Anteriormente, Halliday considerou a pergunta "como é que nós vamos explicar o sucesso com o qual as pessoas se comunicam?". Se é verdade, como ele sugeriu, que "a situação em que ocorre a interação linguística dá aos participantes muitas informações sobre os significados que estão sendo trocados, e... que provavelmente serão trocados", então é igualmente verdadeiro que os significados que estão sendo produzidos pela linguagem dão aos participantes muitas informações sobre o tipo de situação em que estão.

Situações são construídas culturalmente

Enfatizo essa relação de mão dupla entre linguagem e situação tanto por razões teóricas quanto práticas. Teoricamente, essa ênfase revela uma visão incomum da situação. No senso comum nós dizemos "Me vê...", "Quanto é?", "Ficou em um dólar e quarenta", e assim por diante, porque estamos em uma situação de compra. A visão incomum é que as compras, como um tipo culturalmente reconhecível de situação, têm sido construídas ao longo dos anos precisamente pelo uso deste tipo de linguagem. Sem o reconhecimento dessa bidirecionalidade, seria difícil explicar a arte verbal, da ciência, da filosofia – na verdade, de todo o domínio do conhecimento humano – ou, para ser mais exato, explicar a possibilidade de enganos e mal-entendidos.

Do ponto de vista prático, essa ênfase também é importante, porque, ao começar a explorar os detalhes da relação entre o contexto e a estrutura do texto, posso, em prol da brevidade, limitar-me a mostrar como algumas características do contexto podem ser utilizadas para prever alguns elementos da estrutura de textos possíveis e adequados. Tais previsões devem ser lidas como implicando que, sendo tudo o mais igual, a presença desses elementos na estrutura do texto "construiria" aquelas mesmas características do contexto. Agora podemos voltar para a questão de como o contexto afeta a estrutura do texto.

Configuração Contextual

Configuração Contextual = CC

Halliday introduziu três termos: campo, relações e modo. Esses termos referem-se a certos aspectos de nossa situação social que sempre agem sobre a língua quando ela está sendo usada. Gostaria de apresentar aqui um conceito relacionado: CONFIGURAÇÃO CONTEXTUAL, para o qual usamos a sigla CC em vez da palavra completa.

Cada um dos três (campo, relações e modo) pode ser pensado como uma variável que é representada por um valor específico. Cada um funciona como um ponto de entrada para qualquer situação como um conjunto de possibilidades – ou, para usar um termo técnico, OPÇÕES. Assim, a variável campo pode ter o valor "elogiando" ou "culpando"; a variável relações pode permitir uma escolha entre "pai-para-filho" ou "patrão-para-empregado"; enquanto a variável modo poderia ser "falado" ou "escrito". Agora, dado que qualquer membro de um par de opções relacionadas pode combinar com qualquer membro de qualquer outro, temos as seguintes configurações possíveis:

Exemplos de configuração contextual

Pai elogia filho oralmente;

- Patrão elogia empregado oralmente;
- Pai culpa filho oralmente;
- Patrão culpa empregado oralmente.

Cada uma dessas entradas é uma CC. A CC é um conjunto específico de valores que realiza campo, relações e modo.

Configuração Contextual e estrutura do texto: observações gerais

Precisamos da noção de CC para falar sobre a estrutura do texto, pois são as características específicas de uma CC – os valores das variáveis – que permitem o estabelecimento da estrutura do texto. Não podemos trabalhar com a noção geral de, digamos, "campo", uma vez que não é possível afirmar, por exemplo, que esse campo sempre leva ao aparecimento deste ou daquele elemento. Além disso, muitas vezes uma combinação de características da variável modo pode motivar o aparecimento de um único elemento do texto (HASAN, 1978). Precisamos ver o conjunto total de características – todos os valores selecionados pelas três variáveis – como uma configuração, em vez de tentar relacionar os aspectos da estrutura do texto em posições individuais.

CC dá conta dos atributos significativos de uma atividade social

Na unidade estrutural do texto, a CC desempenha um papel central. Se o texto pode ser descrito como "linguagem fazendo algum trabalho em algum contexto", então é razoável descrever a CC como a expressão verbal da atividade social; a CC dá conta dos atributos significativos dessa atividade social. Assim, não é de estranhar que as características da CC podem ser usadas para fazer certos tipos de previsão sobre a estrutura de texto. São as seguintes:

Previsões sobre os elementos da estrutura do texto

1. **Quais** elementos **devem** ocorrer;
2. **Quais** elementos **podem** ocorrer;
3. **Quando** eles **devem** ocorrer;
4. **Quando** eles **podem** ocorrer;
5. **Com que** frequência eles **podem** ocorrer.

Mais sucintamente, diríamos que uma CC pode prever a OBRIGATORIEDADE (1) e a OPCIONALIDADE (2) dos elementos da estrutura de um texto, bem como sua SEQUÊNCIA (3 e 4) e possibilidade de ITERAÇÃO (5). Estes pontos são discutidos nas seções a seguir. Aqui, deixe-me dizer que um ELEMENTO é uma etapa ou estágio com alguma consequência na progressão do texto.

Texto 1.1 e seu contexto

Olhe novamente para o texto 1.1. Que tipo de CC poderia ser incorporada no texto (sempre supondo que o texto foi criado como uma resposta adequada a uma situação da vida real)? Vamos examinar os valores das três variáveis brevemente.

A variável campo do discurso para o texto 1.1

A variável campo, por estar preocupada com a natureza da atividade social, envolve tanto as ações que estão sendo realizadas, quanto seu(s) objetivo(s). Aqui, há uma meta de curto prazo: adquirir alguns gêneros alimentícios em troca de algum dinheiro. Isto é o que entendemos como "comprar", e sempre implica vender.

A variável relações do discurso para o texto 1.1

Papel dos agentes

Esta atividade social é institucionalizada. E por isso a natureza da atividade predica um conjunto de papéis relevantes para o desenvolvimento da atividade (HASAN, 1980). Vamos nos referir a isso como sendo o PAPEL DOS AGENTES na variável relações; estes são, obviamente, o vendedor e o cliente. Isso é o que 'V' e 'C' significam no texto 1.1.

O papel de agente é outro componente da variável relações, que também é suscetível à institucionalização ou não da atividade. Este componente concerne ao grau de controle (ou poder) que um participante é capaz de exercer sobre o(s) outro(s), praticamente em virtude de seu papel como agente na relação. Você vai notar que os papéis dos agentes são construídos em trocas. Se a troca é HIERÁRQUICA, um agente vai ter um maior grau de controle sobre o outro; se é NÃO HIERÁRQUICA, então temos relações de paridade, como as de amizade, rivalidade, convivência e indiferença.

No texto 1.1, a troca é hierárquica; dentro dos limites da atividade social, o cliente exerce maior força. O vendedor está na posição de solicitar, ter de vender os bens. É importante reconhecer que o controle pode passar de um agente para o outro, e que uma pessoa que exerce um papel de agente subordinado na hierarquia da troca não é necessariamente submissa.

Papéis determinados por questões sociais

Tanto o papel de agente quanto a relação de troca são essencialmente determinados por referência a questões sociais gerais. Podemos até dizer que, na medida em que os papéis de agente e suas estruturas em trocas são determinados pela natureza da atividade social, estas são expressões da estrutura social. Mas a variável relações também concerne às relações entre os participantes, que surgem a partir de suas biografias ou vivências em comum. Isso faz bastante diferença para o trabalho que a linguagem tem que fazer, se eu comprar um quilo de batatas de um vendedor cuja loja eu só frequento esporadicamente, em contraste com um vendedor que é também meu vizinho. O componente da variável relações, que associa tais detalhes da biografia com os detalhes da estrutura social, pode ser referido como DISTÂNCIA SOCIAL (HASAN, 1973, 1978, 1980).

Distância social

A distância social é um contínuo, cujos pontos finais podem ser referidos como distância MÁXIMA e distância MÍNIMA. A distância social máxima é obtida quando as pessoas envolvidas se conhecem através de encontros pouco frequentes apenas em alguma atividade institucionalizada e na relação de troca que se relaciona com o papel do agente. Então, a minha distância social de uma vendedora é máxima se, como uma turista, eu entro em sua loja para comprar algumas frutas e eu a encontro pela primeira vez, já que eu só a conheço como uma vendedora. Esta distância provavelmente será menor se a vendedora for alguém de quem eu tenha sido cliente ao longo dos anos; seria menor ainda, se eu também conhecesse alguma de suas outras habilidades. Por exemplo, a vendedora e eu podemos pertencer a um mesmo clube, ou ela pode ser uma vizinha ou um parente. Quanto menor a distância social mínima, maior o grau de familiaridade entre os participantes. A distância social afeta os estilos de comunicação. Em um relacionamento de longa data, por exemplo, o de casamento, um participante é normalmente capaz de prever uma grande parte do que o outro pode dizer ou fazer. Assim, a necessidade de explicitação não é tão premente. A variável relações do texto 1.1 é, talvez, bastante óbvia agora: a distância social entre o vendedor e o cliente está próxima da máxima.

A variável modo do discurso do texto 1.1

Distância social e estilo de comunicação

A terceira variável do discurso, modo, também pode ser descrita por pelo menos três itens diferentes. Em primeiro lugar, há a questão do papel da linguagem verbal – se é constitutiva ou auxiliar do ato comunicativo. Estas categorias, se auxiliar ou constitutiva, não devem ser vistas como dicotômicas, mas sim como os dois pontos de um contínuo. O papel da linguagem verbal no texto 1.1 é, em grande parte, auxiliar, pois acompanha as atividades de troca de mercadorias por dinheiro. Na verdade, a linguagem verbal é explicitamente realizada no texto 1.1 na medida em que ela é governada pelo meu desejo de apresentar a atividade comercial, de tal forma que você seja capaz de compreender todos os aspectos significativos dessa atividade.

O segundo item a ser considerado na variável do discurso modo é o PROCESSO DE COMPARTILHAMENTO. O destinatário é capaz de partilhar o processo de criação do texto como ele se desenvolve, ou o destinatário vê o texto quando ele é um produto acabado? Aqui, novamente, há níveis de compartilhamento do mais ativo – como no diálogo – para o mais passivo – como em uma palestra formal.

O nível de compartilhamento está intimamente relacionado com o CANAL da mensagem. O termo refere-se à modalidade por meio da qual o destinatário entra em contato com as mensagens do orador – as mensagens viajam pelo ar como ondas sonoras, ou são apreendidas como imagens esculpidas na forma de escrita? Chamarei o primeiro canal de FÔNICO e o segundo de GRÁFICO. Antes (HASAN, 1978, 1979) me referi a eles como AUDITIVOS e VISUAIS, respectivamente. No entanto, estes termos se mostraram indesejáveis; em primeiro lugar, porque eles são claramente orientados para o destinatário, e em segundo lugar, porque o contato com os olhos, chamado de CONTATO VISUAL, ocorre mais comumente com o canal fônico. A maioria dos outros linguistas tem usado os termos FALADO e ESCRITO para as duas modalidades, mas esta solução cria outros problemas, que se tornarão evidentes a partir da discussão abaixo sobre MEIO.

Quando o canal é fônico, é ativado (de forma enganosa) um ambiente favorável para o processo de compartilhamento; assim, note que os diálogos ocorrem normalmente neste canal. Ainda assim, o potencial deste canal para o processo de compartilhamento mais ativo não é sempre atualizado. Portanto, há muitas ocasiões em que um falante pode ter o direito de falar por um período de tempo considerável, sem o destinatário ter o direito de interromper – por exemplo, os falantes podem estar produzindo uma palestra para um grupo profissional. No entanto, mesmo nessas ocasiões, quando o destinatário parece menos ativo, ele ou ela pode influenciar a produção do texto, fornecendo *feedback* por modalidades não verbais, tais como contato visual, expressão facial, bocejo ou postura corporal. Assim, a presença física do destinatário incide sobre os processos textuais, de forma que o próprio autor se torna consciente das necessidades do destinatário e do que dificilmente podem fazer: por um lado, no canal fônico, ambos, falante e destinatário, escutam (e muitas vezes podem ver) a mesma coisa ao mesmo tempo. Isto não é obviamente possível quando o canal é gráfico. Esta é a razão para afirmar que o processo de compartilhamento está intimamente relacionado ao canal.

O terceiro item relevante para a variável modo é o MEIO, a distinção principal aqui é entre meio FALADO ou ESCRITO. Meio concerne à padronização dos próprios fraseados: por exemplo, há um grau maior de complexidade gramatical ou de densidade lexical? (Para mais detalhes, ver HALLIDAY, 1985a). Assim como o processo de compartilhamento e o papel de linguagem verbal, a diferença de padronização dos fraseados é novamente uma questão de grau. É importante ressaltar que meio e canal são fenômenos distintos, mesmo que não sejam independentes. De fato, é muito provável que o meio seja um produto histórico do processo de compartilhamento, e, na medida em que o processo de compartilhamento está relacionado à variação de canal, poderíamos afirmar que a variação no meio – falado *versus* escrito – é um produto de variação no canal – fônico *versus* gráfico. Assim, a utilização do canal fônico estimula não apenas a expectativa do processo de compartilhamento ativo de um diálogo, mas também que o meio seja o falado, enquanto a utilização do gráfico ocorre não só com monólogo, mas também com o meio escrito. E esse padrão de coocorrência, de fato, representa a situação não marcada. No entanto, talvez devido ao aumento da nossa capacidade de gravar mensagens, este padrão de coocorrência normal certamente não se sustenta hoje, não importa o que os antecedentes históricos tenham sido. Hoje em dia[11], meio e canal podem ou não ser congruentes: a questão é decidida não tanto pela natureza do canal como pela natureza da atividade social e da relação social entre os participantes. Então, se eu entrar em uma quitanda para comprar frutas, o meio e o canal são suscetíveis de serem congruentes – falado, o diálogo fônico; e, da mesma forma, se eu

[11] N.T.: Hasan se refere ao ano de 1985. Aqui não são levados em consideração a multimodalidade que hoje está presente nas discussões sobre gêneros textuais e/ou discursivos.

tiver que solicitar o financiamento de um projeto de pesquisa, meio e canal são mais susceptíveis de serem congruentes – escrito, monólogo gráfico. Mas se eu escrever uma carta a um amigo, este padrão de congruência será perturbado: vou usar o canal gráfico, mas tendo a usar o meio falado, o que, muito provavelmente, pode nem ser classificado como um monólogo nem como um diálogo. Na linguagem cotidiana, escreverei *como se* estivesse conversando com meu amigo. O fato de se poder usar um canal de verdade, mas, através da utilização de um meio incongruente poder criar uma condição *como se,* indica a complexidade da relação entre canal e meio, ambos subordinados às escolhas de campo e relações do discurso.

A configuração contextual do texto 1.1

A CC do texto 1.1 está resumida brevemente na Figura 1.1.

Figura 1.1. CC1: a configuração contextual do texto 1.1.

Campo: Econômico: compra de bens de varejo: alimentos perecíveis

...

Relações: Agentes da transação: hierárquica: cliente superior e vendedor subordinado; distância social: quase máxima...

Modo: papel da linguagem verbal: auxiliar; canal: fônico; meio: falado com o contato visual...

A estrutura do Texto 1.1.

Elementos obrigatórios

Podemos agora utilizar o resumo da CC contido na Figura 1.1 para examinar o Texto 1.1 que é reproduzido na Figura 1.2.

Figura 1.2. A estrutura do texto 1.1

PV =→ [Me vê dez laranjas e um quilo de bananas, por favor?

CV =→ [Sim, mais alguma coisa?
Não, obrigado.

V =→ [Ficou em um dólar e quarenta.

C =→ [Dois dólares.

EC =→ [Sessenta, oitenta, dois dólares. Obrigado.

Pedido de vendas (PV)

O texto começa com um pedido de mercadorias: "Me vê dez laranjas e um quilo de bananas, por favor". Este é o primeiro elemento obrigatório. Vamos nos referir a esse elemento como PEDIDO DE VENDAS (PV). Sua ocorrência está prevista principalmente por causa dos valores de campo. A compra de produtos pressupõe uma seleção prévia e, em uma loja com serviço de bens de varejo, esta seleção deve ser dada a conhecer ao vendedor. Isto é basicamente o que faz com que o elemento PV seja obrigatório.

Conformidade de venda (CV)

O padrão normal que segue um pedido é, naturalmente, a sua concessão ou a sua rejeição; ambas são possíveis também num ambiente de vendas. Usarei o termo CONFORMIDADE DE VENDA (CV), independentemente da resposta ser positiva ou negativa. No texto 1.1, CV é positivo: *Sim, mais alguma coisa?* É importante perceber que *sim* não significa apenas uma forma curta para "Sim, você pode ter dez laranjas e um quilo de bananas": ao contrário, é um som encorajador que diz "Sim, vá em frente! Me peça mais coisas." Em outras palavras, se há uma CV positivo, muito provavelmente haverá um convite para mais compras. Logo, sua finalidade principal é a promoção de novas vendas, não a concessão de PV. A verdadeira concessão da PV está realmente no fazer – a vendedora faz sua parte do PV, enquanto termina de pegar a mercadoria para o cliente. O elemento CV é concluído apenas quando o cliente responde ao convite, tal como na Figura 1.2, na qual a resposta do cliente para o convite é *Não, obrigado*. A motivação para o CV encontra-se tanto nos valores do campo quanto no de relações. Por trás do convite para comprar mais alguns itens, está a ideologia de "livre iniciativa". E, ao mesmo tempo, o *status* hierárquico da vendedora é um elemento que aumenta a expectativa de sua disponibilidade para servir tanto tempo quanto seja necessário. Seu "Sim, mais alguma coisa" ou apenas "Mais alguma coisa?", dito em uma entonação ascendente, é, portanto, uma mensagem altamente condensada.

A ideologia como um elemento essencial no gênero Encontro de serviços

Observe que, se, por algum motivo, o restante do texto 1.1 não estivesse disponível, você ainda saberia que (1) é (parte de) um texto de vendas de compra e (2) está incompleto. Não está incompleto porque é muito curto; há textos mais curtos, por exemplo, "Não fume". Não tecnicamente, os itens do texto discutidos até agora poderiam ser vistos como cumprindo as condições de "dar", mas há uma diferença crucial entre "doação" e "venda". Neste último caso, o comprador não só seleciona e recebe o produto selecionado, como também deve ser informado do preço e do pagamento, antes que se possa dizer que o processo social foi realizado. A razão pela qual apenas essa quantidade do Texto 1.1 não seria tomada como um texto completo é porque ainda não temos uma indicação adequada de que o processo de compra foi concluído. Uma vez que a estrutura do texto indique a conclusão dessa atividade, não teríamos nenhuma hesitação em considerar o texto completo.

V = Venda
C = Compra

Uma parte importante da venda é quando o acerto de contas começa: o vendedor deve informar ao cliente quanto é o valor de troca das mercadorias. Chamo de VENDA (V) a mensagem associada a essa função. O próximo elemento obrigatório é a COMPRA (C): o cliente deve oferecer o troco referente às mercadorias encomendadas. A atividade de compra e venda é garantida pelo vendedor, confirmando o recebimento do pagamento. Isso requer alguma forma de polidez, por exemplo, "Obrigado", "Ótimo", e pode ainda cobrir a atividade de entrega de troco, se isso for necessário, como é o caso do texto 1.1.

Elementos obrigatórios no texto 1.1.

Assim, os elementos obrigatórios de texto 1.1 são PV, CV, V, C e EC, nessa ordem. Isto pode ser visualizado como PV^CV^V^C^EC, com o sinal de ^ que mostra a ordem dos elementos.

Para entendermos o significado dos elementos obrigatórios, vejamos um texto relacionado (Texto 1.2), que contém alguns elementos opcionais. Assumimos que a CC apresentada na Figura 1.1 é pertinente para o texto 1.2.

Elementos opcionais

Deixe-nos começar apresentando o Texto 1.2 (ver Figura 1.3).

Figura 1.3. Texto 1.2

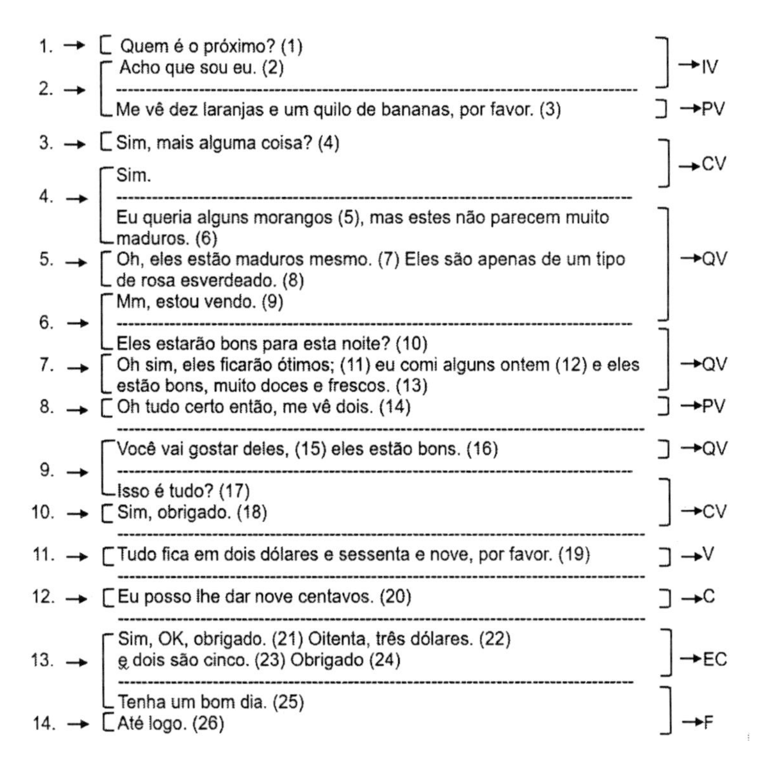

A legenda dos símbolos

IV = Início da venda	PV = Pedido de vendas
CV = Conformidade de venda	QV = Questionamento sobre a venda
V = Venda	C = Compra
EC = Encerramento de compra	F = Fechamento

Elementos opcionais no Texto 1.2

O gênero é definido por elementos obrigatórios na estrutura.

Nesta apresentação, as linhas horizontais pontilhadas mostram os limites entre os elementos; as letras iniciais no início da coluna da direita referem-se aos indicadores dos elementos estruturais; os números entre parênteses referem-se às mensagens individuais do texto, enquanto os números da coluna da esquerda indicam as voltas sucessivas (SACKS *et al.*, 1974) no diálogo entre o vendedor e o cliente.

Você vai notar que os elementos obrigatórios também ocorrem no texto 1.1. Mas há vários outros elementos que só aparecem aqui e no texto 1.1. Por exemplo, o texto começa com o INÍCIO DA VENDA (IV), realizado pelas mensagens (1) e (2). IV é um elemento opcional. Dizer isso é dar a entender que, na ausência de IV, um texto ainda seria interpretado como incorporado à CC1, desde que ele contenha os elementos obrigatórios.

Então, por implicação, os elementos obrigatórios definem o gênero ao qual pertence um texto, e a aparência de todos estes elementos numa ordem específica corresponde a nossa percepção de se o texto está completo ou incompleto. Então, que papel têm os elementos opcionais? Será que eles aparecem aleatoriamente? Dizer que alguns elementos podem ser opcionais não é o mesmo que dizer que existe um "vale tudo". Há muito claramente um conjunto finito de elementos opcionais que podem eventualmente ocorrer em textos do gênero em foco.

Por definição, um elemento opcional é um elemento que **pode** ocorrer, mas não é obrigado a ocorrer. Há condições em que existe uma alta probabilidade de sua ocorrência, e em outras não. Por exemplo, IV é provável que ocorra em uma loja lotada, onde muitos clientes necessitam de atenção; já não ocorreria em uma loja onde não há muitos clientes.

Os pontos são bastante óbvios, mas observe como se distinguem os elementos opcionais dos obrigatórios. Nossa percepção do tipo de atividade social em que estamos envolvidos não muda se a loja está lotada: não dizemos *isto não é uma operação econômica*, ou *que os papéis do agente não são de vendedor e de cliente* etc. Este contexto é visto simplesmente como outra variante da CC1. A lotação das instalações não é razão suficiente para dizer que a CC mudou seu caráter, nem é uma característica suficientemente definida para definir um gênero.

Elementos opcionais não podem ocorrer aleatoriamente.

Assim, enquanto os elementos opcionais não ocorrem ao acaso, sua opcionalidade decorre do fato de que sua ocorrência é prevista por algum atributo de uma CC que não é decisivo para a CC e para o tipo de texto incorporado nessa CC. Não é de surpreender que os elementos opcionais podem ser vistos como tendo uma aplicabilidade mais ampla. Por exemplo, "Quem é o próximo?" pode agir como o elemento inicial de muitos outros *encontros de serviços*, nas quais *o turno inicial do participante* é institucionalmente controlado. Então, quando vou renovar o documento do meu veículo[12], se houver uma multidão, espero até que o atendente chame "Quem é o próximo?" e, quando é a minha vez, prossigo para realizar o resto da minha atividade. Mas este mesmo procedimento não é necessário se eu chegar em um momento em

[12] N.T.: Aqui optamos por uma expressão mais brasileira para significar o registro do carro.

que o DETRAN não esteja muito cheio e eu puder caminhar até o funcionário e dizer: "Eu gostaria de renovar o documento do meu veículo." Em ambos os casos, penso na situação como uma renovação da carteira de motorista.

Observe que, se desejássemos caracterizar as CCs nas quais tal início pode ocorrer, a descrição seria tão grosseira que não teríamos ideia de qual atividade específica estaria acontecendo. A descrição pode parecer algo como isto:

Campo: encontro de serviços.

Relações: agentes institucionalizados.

Modo: canal fônico; meio falado.

Elementos iterativos

Iteração é sempre opcional

No Texto 1.2, você vai notar que várias entradas estão marcadas com QV. QV é um elemento opcional e significa QUESTIONAMENTO SOBRE A VENDA. Pode ocorrer em qualquer momento após o IV e tem a função de determinar algum atributo dos produtos contemplados na compra. Pode ser realizado pelo cliente ou vendedor e é concluído quando outro participante tiver respondido, se essa resposta for necessária como em (6) ou (10). Note que, assim como no início, o questionamento também pode ser visto como uma possível característica de qualquer prestação de serviço. Por exemplo, ao renovar o meu registro, eu poderia perguntar ao funcionário "Eu me casei na semana passada. O registro pode ser renovado em meu nome de casada?".

Quando um determinado (conjunto de) elemento(s) ocorre mais de uma vez, referimo-nos a esse fenômeno como ITERAÇÃO ou RECURSÃO (HASAN, 1979). Para o Texto 1.2, QV seria rotulado um elemento iterativo (ou recursivo). Como um fenômeno linguístico, a iteração é sempre opcional. A iteração pode ser prevista a partir de qualquer atributo do contexto de situação? É relativamente fácil demonstrar esta possibilidade quando alguns elementos obrigatórios são iterativos. Por exemplo, existe a possibilidade de iteração para PV e C, conforme indicado pelo texto 1.2. Essencialmente, a iteração destes pode ser prevista com base em duas hipóteses:

1. o cliente não se lembra de todos os bens de uma só vez; e/ou

2. o vendedor deve mostrar disponibilidade para servir e continuar a convidar mais PVs, devido à natureza do campo e das relações. Isso funciona como incentivo para promover mais PVs.

Um palpite pode ser feito sobre a motivação para a iteração de QV. Quaisquer que sejam os bens ou serviços necessários, o destinatário destes – aqui, o cliente – precisa ter certeza de que são do tipo desejado. Isso pode envolver consultas repetidas porque:

1. fenômenos possuem mais de um atributo; e/ou

2. qualquer um dos atributos pode ser discutido e ampliado.

Fechamento é opcional.

O texto 1.2 tem um outro elemento opcional, FECHAMENTO (= F). A probabilidade da sua ocorrência é maior quando a distância social entre os participantes se move para a extremidade mínima da escala. O elemento tem uma função que Malinowski teria descrito como "comunhão fática". Não é um sinal para terminar o ato de compra; isto foi realizado em EC. F é um sinal de que, embora o ato de compra – um evento experiencial – tenha sido concluído, a relação interpessoal continua. Isso é feito por uma demonstração de boa vontade: *tenha um bom dia*, e/ou a expressão do desejo de renovar o contato: *até logo*.

Um elemento opcional que não apareceu no texto 1.2 é o SAUDAÇÃO (S). C é como F no sentido de que indica continuidade da relação pessoal, sinalizando o reconhecimento do outro participante como um agente potencial capaz de alguma atividade.

Um texto e seu gênero: Estrutura Potencial do Gênero (EPG)

Na discussão acima, estabeleci:

1. os elementos obrigatórios para os Textos 1.1 e 1.2;
2. os elementos opcionais para o Texto 1.2;
3. a iteração de elementos no Texto 1.2.

Elementos opcionais e obrigatórios e a estrutura potencial

EPG = Estrutura Potencial do Gênero

Também estabeleci a ordem da sequência dos elementos obrigatórios e indiquei qual seria a ordem para alguns dos opcionais, por exemplo, F e C. Falaremos mais a seguir sobre a sequência de outros elementos opcionais. Aqui eu gostaria de comparar os Textos 1.1 e 1.2 e chegar a algumas generalizações a partir desta comparação.

Constatamos que os Textos 1.1 e 1.2 estão intimamente relacionados: eles são incorporados na mesma CC e compartilham o mesmo conjunto de elementos obrigatórios. Estes dois pontos de semelhança são interdependentes. De modo geral, a linguagem está fazendo o mesmo tipo de trabalho em ambos – está ajudando na compra e venda de alguns bens de um tipo específico. Há diferenças também; estas podem ser expressas de forma muito breve, como o tipo de diferenças que não alteram o tipo de trabalho que a linguagem está realizando. Estruturalmente, o texto 1.2 contém determinados elementos que poderiam ser contidos, mas não precisam ser contidos em outros textos incorporados no mesmo contexto. É possível exprimir a gama total de elementos opcionais e obrigatórios e a sua ordem de tal modo que esgotem as possibilidades de texto para cada estrutura de texto que pode ser apropriado para CC1. Em outras palavras, é possível afirmar a estrutura potencial deste gênero ou a sua estrutura potencial do gênero. As siglas EP e EPG serão usadas indistintamente para se referir a isso de agora em diante. A EPG para CC1 é mostrada na Figura 1.4.

Figura 1.4. Estrutura Potencial do Gênero para CC1

[(S)•(IV)^] [(QV•) {PV^CV^} ^V^] C^EC (^F)

A opcionalidade nunca implica liberdade total.

Você reconhecerá os identificadores das estruturas e o sinal ^ indicando sequência. Os parênteses indicam opcionalidade de elementos incluídos: assim S, IV, QV e F são opcionais. Qualquer um –

ou mais – destes elementos pode ou não ocorrer em algum texto incorporado em CC1. O · entre os elementos indica mais de uma opção em sequência. Mas, cabe dizer, a opcionalidade de sequência não é igual à liberdade total; a restrição é indicada pelo colchete. Assim, por exemplo, podemos ler o primeiro colchete da seguinte forma:

- S e/ou IV podem/não podem ocorrer;
- Se ambos ocorrerem, então ou S pode preceder IV, ou segui-lo;
- Nem S nem IV podem seguir os elementos à direita do IV.

A seta curva mostra iterações. Assim, QV com a seta curva indica que:

- QV é opcional;
- QV pode ocorrer em qualquer lugar, desde que não preceda S ou IV e desde que não siga S, ou V ou F;
- QV pode ser iterativo.

Estrutura atual.

Então, juntamente com a iteração e a opcionalidade de sequência, QV é projetado como capaz de ocorrer antes, depois e/ou entre os outros três elementos do colchete.

As chaves com uma seta curva indicam que o grau de iteração para os elementos dentro das chaves é igual; se PV ocorrer duas vezes, então CV também deve ocorrer duas vezes; e assim por diante.

A EPG do tipo apresentado na Figura 1.4 é uma declaração condensada das condições em que um texto será visto como apropriado para CC1. É um potente dispositivo na medida em que permite que um grande número de estruturas possíveis seja realizado. Vamos nos referir a qualquer atualização da EPG como uma estrutura real. Já encontramos duas realizações da EPG: os textos 4.1, ambas as quais exibem uma estrutura real, cuja possibilidade é capturada na EPG. Estas estruturas reais estão representadas na Figura 1.5.

Figura 1.5. As estruturas reais dos textos 1.1 e 1.2

Texto 1.1: PV^CV^V^C^EC

Texto 1.2: IV^ PV1^CV1^QV1^QV2^QV3^CV2^V^C^EC^F

Texto 1.3

V: Bom dia, Sra. Reid. C: Bom dia, Bob.	S
Me vê algumas maçãs?	PV
V: Isso é tudo hoje? C: Sim, Obrigado.	C
V: Sessenta centavos.	V
C: Aqui está.	C
V: Obrigado.	EC
Bom dia. C: Tchau.	F

A estrutura real de Texto 1.3 pode ser representada da seguinte forma:

S^PV^CV^V^C^EC^F

Outro texto pode começar com um QV: "Quanto custam aquelas maçãs-verdes hoje?", e, em seguida, pode seguir o padrão de texto 1.3 do PV para o EC, e assim por diante. Mesmo nos restringindo apenas aos elementos QV, PV, CV e V e ignorando a possibilidade de iteração, podemos obter pelo menos os seguintes fragmentos de textos adequados para CC1 (ver textos 1.4 - 1.7).

Texto 1.4

QV: Você tem maçãs-verdes? Sim, grande ou médio?

PV: Bem, me dê meia dúzia das grandes, por favor.

CV: Sim, o que mais? É só isso, obrigado.

estrutura real = ... QV ^ PV ^ CV ...

Texto 1.5

PV: Me vê meia dúzia de maçãs-verdes grandes?

QV: São locais? Elas parecem muito boas. Sim, elas são das Montanhas Azuis.

CV: Isso é tudo por agora? Sim, obrigado.

estrutura real = ... PV ^ QV ^ CV ...

Texto 1.6

PV: Me vê uma dúzia de maçãs-verdes?

CV: Isso é tudo por agora? Sim.

QV: De onde são essas maçãs? Elas parecem muito boas.

estrutura real = ... PV ^ CV ^ QV ...

O significado desse ponto é discutido no capítulo 2.

Texto 1.7

PV: Me vê uma dúzia de maçãs verdes?

CV: Isso é tudo por agora? Sim, obrigado.

V: São 95 centavos.

QV: De onde são essas maçãs? Parecem muito boas.

estrutura real = ... PV ^ CV ^ V ^ QV ...

Cada um destes textos tem uma estrutura real diferente, mas cada um realiza uma possibilidade dentro da EPG.

O *status* dos elementos obrigatórios na Estrutura Potencial do Gênero (EPG)

Uma EPG particular é reconhecida por um conjunto de elementos obrigatórios; esta afirmação está implícita na observação de que os elementos opcionais têm aplicação mais ampla. Por isso é importante distinguir os elementos opcionais dos obrigatórios. Vamos ver se é possível. Um fato interessante sobre os elementos obrigatórios parece ser que eles estão abertos a certos tipos de operações. Estas podem ser vistas como estratégias para garantir que:

- Os elementos obrigatórios realmente ocorram;
- Sua realização seja adequada.

Estratégia: testagem

Considere a CC1. Suponha que uma cliente entre em uma loja e só olhe sem fazer nenhum PV.

O que é provável que aconteça? Muito possivelmente, o vendedor diria "Posso ajudá-la?", "Você está bem?", ou qualquer coisa assim. Este é o elemento do IV que conhecemos e que pode ser visto como uma estratégia para provocar um PV. Embora a cliente não seja obrigada a responder com um pedido de venda, esta estratégia a obriga a ser sincera. Ou ela deve assumir o papel de observadora – "Não, eu estou apenas olhando" – ou ela deve apresentar um pedido de venda ou questionamento sobre a venda. Talvez possamos nos referir a essa estratégia como sondagem. A testagem é constituída por algum dispositivo que é calculado para provocar o tipo de comportamento por parte de algum participante que poderia razoavelmente ser lido pelos outros como uma manifestação de um elemento obrigatório em questão, ou se adequado, que poderia levar à alegação de que a visão da CC do outro participante deve ser revista. "Eu estou apenas olhando" é igual a dizer "esta não é uma situação de compra para mim.".

Estratégia: reparação

A segunda estratégia é a de reparar. Esta estratégia é empregada quando um elemento obrigatório é realizado, mas não adequadamente. Por exemplo, se em CC1, um comprador diz: "Eu gostaria de algumas laranjas", esta será uma realização inadequada de PV. O vendedor não pode avançar para a próxima fase sem mais informações e é provável que ele repare a situação dizendo "Um saco de 3 quilos seria o suficiente?" Ou "Você gostaria de laranjas bahia? São cinco e noventa e nove centavos.". Portanto, esta é uma estratégia para levar à realização adequada de um elemento obrigatório.

Estratégia: realinhamento

Nas CCs em que a distância social tende a ser mínima, a conversa pode ser desviada de uma direção para outra na interação face a face. Assim, mesmo que o campo seja "transação econômica:

compra", o vendedor e o cliente podem encontrar-se envolvidos em uma discussão que não tem qualquer relevância específica para o assunto em questão. Pode-se passar de uma discussão de morangos para a seca, para a elevada taxa de mortalidade do gado, para a inércia do governo em lidar com a situação. Existem estratégias para trazer o participante, que está divagando, de volta ao assunto, brincando, confrontando, retornando ao tópico e deliberadamente relacionando-o com a venda (CLORAN, 1982). Mais pesquisas precisam ser feitas para verificar se essas estratégias – que podemos chamar de REALINHAMENTO – são normalmente aplicadas somente quando os elementos obrigatórios ocorrem, garantindo, assim, retorno à CC em questão.

Uma característica de elementos obrigatórios

Se perguntarmos se é possível usar a testagem ou a reparação para elementos obrigatórios, a resposta vai destacar a principal diferença entre estes e os elementos opcionais. O conhecimento da CC fornece uma ideia muito boa para os significados que não estão sendo realizados nessa fase, assim algo pode ser feito. Por exemplo, nenhuma declaração pode atuar como PV a menos que ela contenha informações sobre a identidade da mercadoria procurada. Portanto, se qualquer um desses recursos está faltando na busca da mercadoria, a reparação pode ser aplicada. Por outro lado, só podemos fazer algo de caráter geral e indeterminado sobre um elemento opcional, por exemplo, QV. Este elemento pode dizer respeito à disponibilidade e/ou aos atributos e/ou custos da mercadoria; mesmo isso não esgota as possibilidades. Então, quando encontrar um novo produto, um comprador pode querer saber como ele deve ser utilizado, por quanto tempo, em que situações e assim por diante.

Embora eu tenha dito muito sobre os elementos obrigatórios, vamos voltar à noção, e também à relação entre texto e contexto, no **próximo capítulo**. Vamos examinar muito brevemente aqui a questão da realização dos elementos de estrutura do texto.

A realização de elementos estruturais

Há uma boa razão para estabelecer uma maneira de definir os limites dos elementos estruturais de um texto. Sem isso, a análise continuará a ser tão intuitiva que duas pessoas que analisam o mesmo texto podem ter resultados muito diferentes. Por isso, é desejável encontrar critérios para decidir qual parte do texto realiza qual elemento; mais do que isso, é importante estabelecer que tipo de critérios são estes.

Algo que parece bastante certo é que não há uma correspondência clara de um-para-um entre um elemento estrutural e uma oração ou sintagma. No texto 1.2, o elemento IV é realizado pelas orações (1) e (2). Tampouco um elemento estrutural corresponde a uma fala; não é o caso de que uma fala de um falante contenha necessariamente apenas um elemento da estrutura do texto. Ao IV no texto 1.2 abrange uma fala completa (Quem é o próximo?) e uma meia fala (Acho que sou), depois da qual o resto da fala do cliente é dedicado à realização do próximo elemento, PV. Nem sempre o elemento estrutural é coextensivo com uma mensagem ou ato individual. Cumprimento e Fechamento sempre exigem dois atos individuais – por exemplo, uma saudação e uma resposta à saudação. A busca por uma unidade de algum tipo – ou sintática (por exemplo, sintagma), a gestão dialógica (por exemplo, vez) ou o *status* da mensagem (por exemplo, oferta/recebimento) – como um equivalente formal, universal de um elemento estrutural parece condenada à falha. O texto é uma unidade de sentido; é a linguagem que está funcionando em algum contexto. Se isto é verdade, então os elementos da estrutura do texto terão que ser definidos pelo trabalho que fazem em uma configuração contextual específica, o que está logicamente relacionado com a estrutura do texto. E isto implica (1) que os critérios de realização não precisam ser idênticos nos gêneros, e (2) os critérios de realização de um elemento podem ser indicados mais claramente em termos de alguma propriedade semântica. Por exemplo, podemos dizer que o PV deve ser realizado pelo seguinte conjunto de propriedades semânticas:

- Demanda
- Referência a mercadorias
- Quantidade de mercadorias

Elementos da estrutura do texto são definidos em uma CC específica

Mesmo com um elemento opcional, é possível fazer certas afirmações que podem ser suficientes para a sua identificação; por exemplo, o QV deve fazer referência ao mesmo domínio geral no qual os participantes estão operando. No texto 1.1, não poderíamos ter um QV como "Que tamanho de sapatos você usa?" ou "Você gosta de velejar?". Eu não estou sugerindo que essas coisas não relacionadas não possam ser ditas. Mas, se forem ditas, é altamente provável que os participantes, bem como os espectadores, não as considerem como uma parte do texto de compra e venda, mas sim como algo em separado.

Contexto, gênero e estrutura textual

Pensar na estrutura do texto não em termos de estrutura de cada texto individual como uma entidade separada, mas como uma declaração geral sobre um gênero como um todo, é insinuar que existe uma estreita relação entre texto e contexto, precisamente como foi discutido nas páginas anteriores. O valor desta abordagem reside, em última instância, no reconhecimento do carácter funcional da linguagem. Se o texto e o contexto estão relacionados nas maneiras como argumentei anteriormente, em seguida, conclui-se que não pode haver apenas uma maneira correta de falar ou escrever. O que é apropriado em um ambiente pode não ser tão apropriado em outro.

Além disso, há a implicação de que a capacidade de escrever um excelente ensaio sobre as causas da Segunda Guerra Mundial não estabelece que se possa produzir um relatório aceitável sobre um caso em um tribunal.

Isto não é porque uma obra escrita é inerentemente mais difícil e exigente do que a outra, mas porque se pode ter mais experiência em um gênero do que em outro.

Aprender a construir textos é uma questão de construção da experiência social.

Os estágios iniciais de redação são provavelmente problemáticos – e exatamente pela mesma razão – para todos os jovens (MARTIN; ROTHERY, 1980, 1981; CHRISTIE, 1983). Aprende-se a escrever o texto escrevendo-se o texto, da mesma forma que se aprende a falar uma língua ao falar esse idioma. A familiaridade com diferentes gêneros não cresce automaticamente com a idade, assim como a língua não acontece simplesmente porque você tem dois, três ou cinco anos de idade. Para ambos, você precisa de experiência social.

Uma criança pode não experimentar em casa os gêneros que o sistema de ensino particularmente exige. A este respeito, ambientes domésticos podem diferir significativamente do ambiente escolar. A casa onde uma criança encontra naturalmente diferentes tipos de comunicação escrita cria uma consciência de linguagem que não exige o mesmo tipo de tarefa a ser realizada pelos alunos. A compreensão de um professor da estrutura genérica será um ingrediente ativo em seu sucesso como professor. As crianças precisam ser expostas a uma ampla gama de gêneros – particularmente aqueles que são ativamente exigidos no processo educativo – por exemplo, currículo, relatório, ensaio expositivo e assim por diante. Há uma visão equivocada sobre o aprendizado do texto, a de imaginar que se pode obter das crianças a escrita de um ensaio sobre a relação entre clima e vegetação, simplesmente por falar sobre ele; e ainda pior é imaginar que se pode fazer isso sem falar nada sobre ele.

Isto não é uma afirmação contraditória. Na primeira parte deste capítulo, sugeri que o modo falado é mais versátil do que o escrito. Isto não é um acidente. Muitas – na verdade a maioria – das nossas atividades são realizadas por meio da fala (GOFFMAN, 1974, 1981). A fala prepara o caminho para o modo escrito. Mas seria um erro pensar que escrever algo é simplesmente uma questão de colocar graficamente o que você poderia ter dito fonicamente. A estrutura dos gêneros escritos e falados varia muito, mesmo que possam variar em torno de um mesmo campo ou de um campo similar. Uma coisa é falar sobre a estrutura do texto a um grupo de estudantes, e outra é escrever sobre ele para o mesmo tipo de público. O caso das crianças em sala de aula não é diferente. A criança precisa ter a experiência de falar e escrever sobre uma grande variedade de gêneros.

A relevância de recordar e compreender a estrutura do texto é um fato importante. Um trecho escrito tem mais chances de ser lembrado se a sua estrutura for clara. Nos estudos linguísticos – especialmente no que diz respeito à leitura e escrita iniciais – muitas vezes o aluno é exposto não a textos claros e bem estruturados, mas a um emaranhado de orações sem sentido, por exemplo, "Dan pode ventilar". "O ser humano pode ventilar", "Dan pode ventilar o homem" (GEROT, 1982). Esses itens ainda aparecem muito cedo nos leitores.

Uma compreensão da estrutura do texto e de sua relevância para a compreensão e memorização serão suficientes para dissuadir qualquer professor do uso de tal material que, em vez de ajudar a criança, coloca ativamente um obstáculo em seu caminho!

Imagem 3 – Tira de homenagem 3 – Hasan em tiras

Fonte: autoria de Alex Caldas Simões

Imagem 4 – Tira de homenagem 4 – Hasan em tiras

Fonte: autoria de Alex Caldas Simões

CAPÍTULO 2 – A IDENTIDADE DO TEXTO

Introdução

Os dois últimos capítulos do livro *Language, context and text: aspects of language in a social-semiotic perspective*[13] enfocaram o tipo de unidade que caracteriza os textos. Nessa tradução, no Capítulo 1, tentei mostrar como a unidade de estrutura é relacionável com a noção de contexto. Argumentei, em particular, que a motivação para os elementos da estrutura do texto pode ser encontrada nos valores da CC. Esta posição levanta algumas questões, e a maior parte deste capítulo vai focar em explorar essas questões.

No Capítulo 5 do livro *Language, context and text: aspects of language in a social-semiotic perspective* examinei a unidade de textura sem especificamente relacioná-la com a questão da estrutura ou CC. Assim, parte deste capítulo irá focar em analisar se tais relações existem e, em caso afirmativo, o que poderia ser dito sobre elas. Isso pode ser útil para começar aqui declarando explicitamente os problemas.

A identidade de uma CC

Se alguém afirma, como eu fiz, que os valores de uma CC motivam a ocorrência de um elemento da estrutura do texto – exatamente como o surgimento de um certo elemento que dá origem à inferência de um determinado valor na CC – então a noção de Configuração Contextual se tornou fundamental para toda a discussão. E a seguinte questão assume importância: como é determinada a identidade de uma configuração contextual? Em que ponto, e com

Ver "A Configuração Contextual do texto" 1.1.

[13] N.T.: Aqui foram traduzidos somente os capítulos 4 e 6. Aqui Hasan faz referência ao capítulo 5 que não é objeto de análise nessa obra e aborda a construção da textualidade.

que base racional, dizemos "Esta é uma CC que é distinta daquela outra"? Por exemplo, se na CC1, nos valores de campo encontramos "roupa pessoal" em vez de "alimentos perecíveis", diríamos que temos diferentes CCs, ou pode ser considerado ainda como um caso de CC1? Seja qual for sua resposta, como podemos justificar isso? Esta questão é discutida mais adiante neste capítulo.

A identidade de um gênero

No Capítulo 1, foi feita a afirmação de que os textos 1.1, 1.2 e 1.3 pertenciam ao mesmo gênero e que os fragmentos dos Textos 1.4-1.7 também poderiam aparecer nos textos do mesmo gênero. Isto, naturalmente, levanta a questão: até onde vai a extensão da identidade de um gênero? Quais critérios poderíamos usar para estabelecer a identidade do gênero?

Algumas outras questões que estão intimamente relacionadas a esta questão básica também devem ser consideradas. Por exemplo, se nos depararmos com um texto deslocado – isolado da situação em que foi produzido – ainda seremos capazes de dizer de que tipo de texto se trata? É um sermão? É uma palestra? É uma história? Somos capazes de classificar os exemplos de textos ao longo desses tipos de categorias quando entramos em contato com eles. O que há no texto que abre caminho para o segredo de seu contexto, e de sua configuração? E por que está ali?

Não só podemos classificar desta forma, como o fazemos de forma bastante sofisticada. Portanto, se lemos uma carta em uma revista, como esta:

Texto 2.1.

> Querida Jinny,
>
> Estou muito feliz por ter me apresentado o creme facial Glo-Quick's. É inacreditável a diferença que fez para mim em menos de uma semana. Eu devo dizer que ser notada com invejável admiração é uma sensação nova e muito agradável...

Dissociação entre a forma e a função do gênero

Ao lermos isso, não dizemos que é uma carta para "Jinny"; sabemos que, na realidade, é uma propaganda para um produto cosmético[14]. Quais recursos estão lá que nos levam a essa conclusão? Neste texto, o que é "da carta" e o que é "da propaganda"? Com base em quê vamos fazer esta dissociação entre a forma e a função do gênero?

Muitos textos podem ser criados dentro de um gênero

A singularidade do texto

Não há limite para o número de textos que podem ser produzidos. Cada um é único? Como podemos definir singularidade? Obviamente a singularidade não pode ser simplesmente física. Cada estudante que tem uma cópia deste livro tem uma coisa física única, mas certamente nós concordaríamos que todos têm o mesmo texto. Mas isso é sempre tão claro? Se alguém detém a primeira edição não revisada deste livro, eles têm o mesmo texto? O que constitui a singularidade de um texto? No entanto, definindo singularidade, vamos chegar à conclusão de que uma infinidade de textos variantes pode ser criada dentro de qualquer gênero dado. A questão que se coloca a partir dessa conclusão é um fato importante: quais são as características do texto que devem ser constantes para manter sua classificação de gênero? E quais as características do texto que podem ser variadas para permitir a construção de textos variantes, sem variar o gênero?

A integralidade de um texto é simplesmente uma questão secundária deste grande problema. Se temos a seguinte transcrição (Texto 2.2), quais estágios inferimos, para os quais não há nenhuma evidência linguística direta, e por quê?

[14] N. T.: No contexto em que o texto foi produzido, Jinny é uma marca de cosméticos famosa.

Texto 2.2.

V: Quem é o próximo?
C: Sou eu. Me vê um sanduíche de frango?
V: Oitenta centavos.
C: Tchau.

Contexto, estrutura e textura

Ver o estatuto dos Elementos obrigatórios na estrutura potencial.

No Capítulo 5 do livro *Language, context and text: aspects of language in a social-semiotic perspective*, falei sobre os vários dispositivos de coesão, incluindo a sua padronização, que leva à unidade em um texto. Eu me referi a isso como textura. Precisamos saber se textura e estrutura estão relacionadas e, se sim, como? A relação do contexto com a textura pode parecer um tanto remota à primeira vista; devo argumentar que a estrutura é a ligação entre os dois. Na verdade, um exame dessa questão está intimamente relacionado à realização dos elementos estruturais discutidos brevemente no Capítulo 1.

Discutirei estes problemas na ordem em que eles foram apresentados acima.

O que consideramos como uma CC?

Na discussão a seguir, um ponto preliminar, mas relevante, é a necessidade de manter duas noções separadas: há a noção de "configuração da situação material" e a noção de "contexto de situação". A configuração da situação material é o ambiente físico em que um texto pode estar sendo criado – onde a fala, a escuta, a escrita ou a leitura podem estar ocorrendo. A configuração da situação material não é de nenhuma maneira idêntica ao contexto de situação que é relevante para o texto. O grau de sobreposição entre os dois é variável e depende em grande medida do papel da linguagem. Na escrita, a sobreposição entre os dois frequentemente está em seu nível mais baixo, enquanto no discurso, particularmente onde o papel da linguagem é secundário, a sobreposição está em seu nível mais alto. Muitas vezes, quando as pessoas afirmam que um texto escrito não depende da sua situação, por exemplo, nos gêneros da literatura, eles se referem simplesmente ao fato de que a configuração da situação material não incide sobre esses textos. Na sequência dessa discussão, ignoro justamente a situação material, exceto quando ela for coextensiva ao contexto da situação; e uso o termo *situação* como uma forma curta para *contexto da situação*. Foi necessário fazer essas distinções, a fim de preparar o caminho para a discussão da identidade de uma CC. Pretendo fazer isso, relacionando-a com o conceito de CONTEXTO DE CULTURA.

Contexto de Cultura

Cultura, Situação e CC

Como Halliday salientou no Capítulo 1 do livro *Language, context and text: aspects of language in a social-semiotic perspective*, Malinowski (1923) cunhou o termo "contexto de cultura", bem como o termo "contexto de situação." Isso ocorreu para destacar o fato de que configurações contextuais específicas derivam seu significado em última análise a partir de sua relação com a cultura a que pertencem. A relação não é direta e pode ser representada esquematicamente pela Figura 2.1. Nesta figura, a cultura é apresentada como o nível superior de abstração; as colunas esquerda e direita estão relacionadas a ela como uma realização está relacionada à categoria que ela realiza. As setas inclinadas indicam essa relação. Assim, a cultura é em si mais especificamente descrita como um corpo integrado do conjunto total de significados disponíveis para uma comunidade: o seu potencial semiótico. Qualquer sistema de significado é parte deste recurso. O potencial semiótico inclui formas de fazer, modos de ser e maneiras de dizer. Pode-se dizer que estes são os três modos gerais de significado: você pode criar sentidos do fazer, do ser ou do dizer; e que, para além dessa totalidade de sistemas semióticos, não há nada que possa ser classificado como "cultura", pois o potencial semiótico é a cultura.

Diagrama 2.1 – Cultura, significado e situações

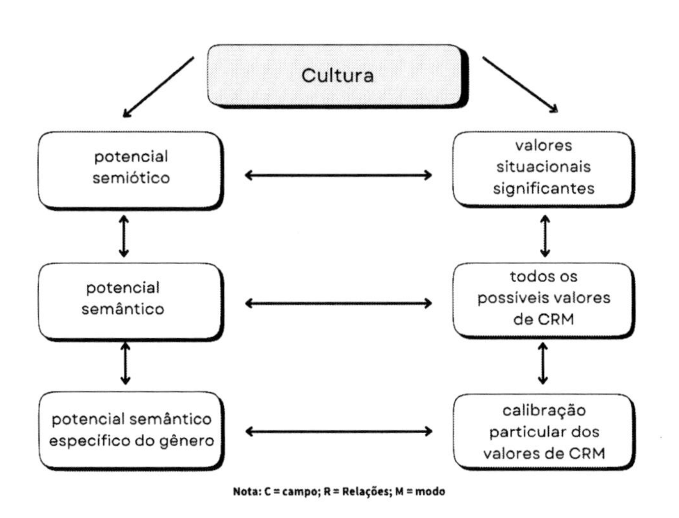

Fonte: postulado pela autora

Mas as situações para ser, dizer e fazer não existem por si só ou *a priori*; não é como se existisse algo inerente às propriedades físicas de um estado de coisas no mundo externo, não social que podemos reconhecer como um tipo particular de situação. Pelo contrário, a relação entre o significado que os distintos modos constroem – o potencial semiótico – e os valores situacionais significativos é recíproco, quer dizer, constroem-se mutuamente: a situação não é acultural. Para dar alguns exemplos: na subcultura dos muçulmanos do subcontinente indo-paquistanês, há uma situação que está codificada na minha língua pela palavra *soyum*. Ela se refere ao terceiro dia após a morte de uma pessoa. Ora, logicamente, não há ninguém em parte alguma, depois de cuja morte não chegue fisicamente um terceiro dia; mas em nenhuma das culturas ocidentais que conheço esse terceiro dia pode ser considerado uma "situação." Para os muçulmanos subcontinentais, no entanto, esta é uma situação importante: há maneiras de ser, maneiras de fazer, e coisas que se devem dizer se o *soyum* lhe diz respeito, porque o falecido era um parente ou um amigo, ou mesmo um vizinho. E esses fatos são específicos para essa situação: é uma situação, porque tem esses significados a ele associados; esses significados são construídos legitimamente por essa situação.

Às vezes, somos enganados simplesmente por causa da maneira como nos referimos a algo; tendemos a nos comportar como se a possibilidade de utilizar a mesma palavra implicasse a identidade completa entre os referentes. Por exemplo, vamos às compras na Myer's, Macy's ou Marks & Spencer's[15] ; e vamos às compras no mercado em Mombasa ou Madras. Simplesmente porque temos usado as palavras "ir às compras" para ambos os tipos de evento, poderíamos ser levados a acreditar que os dois eventos são o mesmo tipo de coisa; que, de fato, eles contêm o mesmo conjunto de valores. Nada poderia estar mais longe da verdade, como qualquer pessoa que tenha tido uma experiência marcada em diferentes culturas reconhecerá imediatamente. O atendente da Myer ficaria pelo menos surpreso, se não ofendido, se, ao lhe dizer o preço de um objeto, você respondesse com *Bem, ok, tudo bem;*

[15] N. T.: São lojas de departamento. No Brasil poderiam ser C&A, Renner ou Riachuelo.

mas agora me diga o preço real. Este é precisamente o tipo de resposta que se espera que você ofereça na primeira vez que lhe disserem o preço em uma loja do mercado na maior parte do subcontinente indo-paquistanesa. Bem como o convite do tipo *Sim, mais alguma outra coisa?*, você pode encontrar ofertas diretas do tipo *Leve estas goiabas também, elas acabaram de chegar de Malir.* Você pode se deparar com uma barganha como: *Se levar dois quilos de uvas, você pode levar o lote por dez rúpias*[16]. A forma de tratamento pode variar de Saheb/ Begun (Senhor/Senhora) para Bhai Sabeh/Baji (irmão mais velho/ irmã mais velha); e a tradução dos termos nativos para uma frase em inglês com o uso do adjetivo *elder* (mais velho) não deve ser visto como uma indicação de idade; ele simplesmente aponta para uma clara relação de hierarquia em que o cliente é sempre o superior hierárquico chefe, a menos que ele ou ela perca esse estatuto por algum ato inconveniente ou aparência imprópria.

Podemos e usamos as palavras "ir às compras" para fazer compras em lojas tanto em um país capitalista ocidental, por exemplo, a Austrália, como em um país de maioria não industrializada do Terceiro Mundo[17], por exemplo, o Paquistão. Mas é importante lembrar que as formas de dizer, ser e fazer são qualitativamente diferentes nas duas culturas político-econômicas. Nem a gama de significados adequados nem o conjunto de valores situacionais significativos são iguais. Isso significa dizer que um determinado contexto de situação – uma CC – só tem sentido dentro de uma cultura. Não há, em absoluto, tal situação na expressão "ir às compras."

A primeira camada do diagrama 2.1 informa que uma cultura se expressa pela totalidade do que é significativo; este domínio de significado foi formado pelos vários sistemas semióticos – siste-

[16] N. T.: Moeda corrente oficial da Índia.

[17] Na década de 1980, o Paquistão era considerado um país de terceiro mundo, como Hasan citou no texto. Hoje, o termo "Terceiro Mundo" é obsoleto. "Com a queda do comunismo na União Soviética e Europa Oriental e com a China rapidamente se tornando economicamente mais capitalista do que comunista, só restam dois "mundos". Um deles abrange os países desenvolvidos, principalmente as nações do Hemisfério Norte que são ricas ou estão se tornando ricas, e o outro aquelas do mundo em vias de desenvolvimento, principalmente nações do Hemisfério Sul que são pobres e, em alguns casos, estão se tornando mais pobres." (NIXON, 1994, s/p).

mas que abrangem formas de ser, dizer e fazer. Esses significados formados constroem valores situacionais significantes, e é a operação dos sistemas semióticos que permite a percepção do que é ou não é uma variável situacional significante. Do mesmo modo, uma vez que foram estabilizadas as variáveis situacionais significativas – por exemplo, a sociedade tem formas de reconhecer idade, *status*, riqueza e aprendizado como vetores para a divisão hierárquica – a percepção dos valores dessas diferentes variáveis irá fornecer o quadro para o intercâmbio adequado de significados. A seta horizontal entre as duas entradas da mesma camada indica esta relação bidirecional. A que fica do lado esquerdo vem para atender às necessidades criadas pela percepção da que está à direita; igualmente, a que está à direita vem a ser, adquirir um *status*, em razão da que está à esquerda.

Potencial semiótico e o potencial do contexto

Poderíamos abandonar o diagrama neste momento, pois ele já disse tudo o que é essencial. Ainda assim, a razão para apresentar as próximas duas camadas é o nosso interesse específico na relação entre CC e o sistema semiótico chamado linguagem. As setas verticais que ligam as camadas, dentro de cada coluna, são indicativos de uma relação de "subconjunto". Logo, o potencial semântico é um subconjunto do potencial semiótico: ele se refere apenas aos sentidos de que são formados, e que podem ser expressos por meio da língua. Portanto, nessa camada, separamos o dizer do ser e do fazer. De igual modo, na coluna da direita, interessa-nos todos os valores de campo, de relações e de modo. A alegação é que, na construção desses valores, a linguagem tem desempenhado um papel importante. Halliday chama a atenção para a estreita relação entre as variáveis situacionais e o sistema léxico-gramatical. O sistema da língua está concebido de forma que as variáveis de campo, de relações e de modo estão inevitavelmente encapsuladas no texto pela codificação simultânea dos significados experienciais, interpessoais e textuais.

O potencial semântico do gênero e uma CC exclusiva

Encontramos o conceito de CC na última camada do diagrama. No Capítulo 1, descrevi a CC como "um conjunto específico de valores que realizam campo, relações e modo". Ela é uma calibração particular de valores – esses sistematicamente permitidos pelas possibilidades abertas das três variáveis. Neste ponto, então, voltamos à nossa questão inicial: em que consiste a singularidade de uma CC? A resposta sugerida pela discussão anterior é, obviamente, que uma determinada CC é conhecida pelo conjunto de significados associados a ela. É a este conjunto de significados a que nos referimos como "potencial semântico específico do gênero".

Agora, teoricamente, esta é uma resposta perfeitamente satisfatória, mas, na prática, ela apresenta alguns problemas porque o termo "significado" não está suficientemente determinado. Qual é o tipo de significado sobre o qual estamos falando? Há uma diferença entre os significados "banana" e "pão". Será que o significado "pão" estaria fora do potencial semântico específico do gênero associado com a CC1? E é este tipo de diferença semântica que faz a diferença para a identidade da CC? Se for, então também devemos aceitar que, mesmo que todos os outros valores da CC1 fossem mantidos constantes, ainda seríamos confrontados com diferentes CCs conforme estivéssemos comprando bananas em vez de maçãs; ou duas maçãs em vez de uma; teríamos, assim, cinco CCs, nenhuma delas seria idêntica a outra. Mas tal visão da singularidade da situação é um pouco difícil de justificar. Além disso, segundo essa visão, logicamente, raramente encontraríamos a mesma CC duas vezes.

A melhor forma de sair desse impasse é pensar em uma CC não como a declaração de **uma situação específica**, mas sim como a expressão de **um tipo de situação**. Portanto, a CC1, em vez de se referir a qualquer atividade social única, é um tipo que pode ser instanciada por muitos casos. O que estamos procurando são as semelhanças significativas entre estes muitos casos. Ao mesmo tempo, é importante para dar mais peso à palavra "potencial" na expressão "potencial semântico específico do gênero". Por definição, esta formulação nos compromete com a noção de variação. Algo pode ser um potencial somente se houver a possibilidade de uma escolha entre este ou aquele. Se *x* sempre implicou *y*, não seria correto afirmar que *x* é o potencial de *y*. O potencial semântico é um potencial precisamente porque pode ser indicado como um recurso – como um intervalo dentro do qual seleções variadas são possíveis. Se este não fosse o caso, teríamos de dizer que há alguma restrição semântica imposta por alguns valores contextuais, em vez de que existe algum conjunto de significados possíveis que podem ser vistos como um recurso para interpretar algum valor contextual.

Tendo este fato muito importante em mente, quando examinamos o potencial semântico específico do gênero, encontraremos, pelo menos, dois tipos gerais de significado: os que são relevantes como componentes das mensagens individuais no âmbito do gênero, e aqueles que são relevantes para a estruturação geral das mensagens dos textos no âmbito do gênero. Os primeiros tipos de significados são os que no grau de grande especificidade aparecem codificados como, digamos, "duas maçãs" em oposição a "uma maçã"; ou "bananas", em oposição a "maçãs"; ou "querer" em oposição a "gostar"; ou "500 gramas" em oposição a "um quilo" em oposição a "esse tanto"; e assim por diante. Este tipo de significado faz parte de mensagens individuais específicas. Os significados relevantes para a forma global da mensagem são expressos na Estrutura Potencial do Gênero, ou EPG, como apresentado no Capítulo 1. Para CC1, tais significados são codificados como Pedido de Vendas, Cumprimento da Venda, Questionamento sobre a venda, e assim por diante.

Obviamente, os dois tipos de significado estão relacionados. Mais especificamente, dentro do intervalo do primeiro tipo de significados estão aqueles que, por assim dizer, "constroem" um elemento particular. Assim, por exemplo, PV é construído, ou realizado, pelo seguinte conjunto de significados: exigir alguma quantidade de mercadoria da classe "alimentos perecíveis". É neste nível de generalidade que os significados são relevantes para a realização do elemento estruturado. Até o momento, no que diz respeito à identidade do PV está certa, ela não é afetada pelos termos seguintes; cada um é uma realização adequada do PV:

1. Me vê um maço de salsão?

2. Eu gostaria de dois pêssegos.

3. Meio quilo de tomates e uma alface, por favor.

4. Eu quero um melão para comer hoje à noite.

Isso não significa esgotar as possibilidades, mas é óbvio que cada exemplo de alguma forma realiza uma demanda por alguma quantidade e de alguma mercadoria de algum alimento perecível.

Podemos nos dar ao luxo de fazer uma declaração muito mais específica agora: os tipos de significado relevantes para a identidade de uma CC são os que decorrem da EPG associada à CC; estes significados são expressos diretamente como o significado dos elementos da estrutura do texto e são expressos indiretamente como o significado que sem um elemento da estrutura de texto não poderia ser construído. Disso resulta que a EPG se torna fundamental em qualquer discussão sobre a identidade de uma CC, e podemos afirmar que apenas os valores de campo, relações e modo são suficientes para definir a identidade da CC que está motivada e relacionada com os elementos de sua EPG. Se a CC tem esses valores, então esses elementos aparecem em qualquer texto incorporado nessa CC; se esses elementos aparecem em qualquer texto, então esses valores da CC podem ser inferidos a partir dele.

Ver a discussão 'A identidade da CC'

Ver Figura 1.1

Vou primeiramente ilustrar esses pontos e, em seguida, na subseção seguinte, discutir as implicações. Por exemplo, vamos usar a CC1 como nosso ponto de partida. Em primeiro lugar, assumimos que os valores de campo e relações permanecem exatamente como na Figura 1.1, mas os de modo da CC1 diferem de um outro caso, o da CC2. Os valores do modo de ambos são apresentados no Diagrama 2.1. O fato de o modo de CC2 ser diferente afetará o elemento obrigatório CV da Estrutura Potencial associada com CC1. O rótulo CV é ligeiramente inadequado, uma vez que a principal função deste elemento é promover a venda em vez de reconhecer o serviço prestado.

Figura 2.1. O modo de duas CCs distintas

Modo da CC1: canal: fônico; meio: falado; + contato visual; papel da linguagem verbal: auxiliar...

Modo da CC2: canal: gráfico; meio: falado; - contato visual; papel da linguagem verbal: constitutiva...

Agora, se um cliente está recebendo mercadorias, deixadas numa ordem escrita, a ocasião para CV não existe. O elemento opcional QV é também não aplicável, exceto no sentido trivial de uma lista ser iterativa em virtude de ser uma lista! E, novamente, o elemento opcional IV carece de motivação para ocorrer. É notável que, de acordo com essas mudanças na EPG, há a consciência popular ou sentimento comum de que "cancelar um pedido" não é o mesmo tipo de atividade como "ir às compras".

Compare a situação acima descrita com a Figura 2.2, em que novamente tomamos a CC1 como ponto de partida; assumimos exatamente o mesmo campo e relações, enquanto introduzimos uma mudança no modo.

Figura 2.2. O modo de outra CC

CC3: canal: fônico; barulhento; meio: falado; + contato visual; papel da linguagem verbal: auxiliar.

CC3 difere da CC1 em virtude de ter um "canal com ruído", ou seja, há alguma perturbação que conduz à falta de inteligibilidade. Agora, seria difícil fundamentar uma afirmação de singularidade para o que chamamos de CC3, uma vez que é altamente improvável que, com todo o resto igual, a EPG associada com a CC1 sofra qualquer mudança em seus elementos obrigatórios, por causa de um canal com ruído. No máximo, isso pode dar origem a uma maior iteração de QVs, mas ambos os QV e iteração já foram construídos na EPG1. A implicação é que, de acordo com os critérios que estão sendo apresentados, a situação marcada como CC3 não pode certamente receber esse rótulo: ela é simplesmente uma variante da CC1.

Podemos acrescentar à discussão acima o seguinte: a identidade de uma CC que é definida pela calibração de valores que motiva os elementos de sua EPG; particularmente, no âmbito da EPG, os elementos obrigatórios e a sequência obrigatória são determinantes para se chegar a essa definição. Com efeito, estamos reiterando a afirmação anterior num estilo mais formal, ou seja, que uma situação é definida pelos significados tipicamente associados a ela. Com essa discussão, espero, expliquei mais precisamente o sentido de significado, sugerindo que, na definição de uma CC – um tipo de situação – é o significado associado aos elementos obrigatórios da Estrutura Potencial e sua relação que realmente contam. Estes representam o menor denominador comum em todas as instâncias de atividades sociais que poderiam ser consideradas como pertencendo ao mesmo tipo de situação, ou mesma CC.

É verdade que a definição é circular, uma vez que a própria EPG foi definida como a expressão verbal de uma CC; mas a circularidade reside na natureza da relação entre a língua e a realidade. Se a cultura e a língua têm se desenvolvido lado a lado, complementando uma à outra, então uma ocasião culturalmente reconhecida como conversa – uma CC – é obrigada a ser conhecida pelas peculiaridades do tipo de conversação associado a ela.

Ver Hasan (1984d)

A singularidade de uma CC

Antes de fechar esta seção, é importante comentar as implicações do que foi dito acima. A tentativa de definir uma CC específica é uma busca por uniformização. Uma CC específica é uma classe – um tipo – de situação. Membros de uma classe nunca são idênticos em todos os seus aspectos; eles são, por definição, parecidos em todos os aspectos que caracterizam a classe a que pertencem. Mas, então, nenhuma classe em si é uma categoria imanente. É uma categoria que criamos, pois sentimos a necessidade. A noção de uma CC como um tipo de situação específica em particular é como uma categoria; nós a configuramos para explicar certos fenômenos, ignorando outros.

Ver Capítulo 1

De certo ponto de vista, **todas** as situações de conversa são iguais: cada uma delas é uma construção que contém as abstrações de campo, relações e modo; e assim, nessa medida, tudo que é contexto de conversa mostra características semelhantes. Mas, neste grau primário de DETALHAMENTO – ou seja, de detalhe – o conceito não pode ser utilizado para fornecer qualquer informação específica sobre as propriedades textuais. Para fazer isso, precisamos de informações mais precisas sobre o tipo de campo, de relações e de modo que constituem a situação. Mas, como referi antes, de forma breve, cada uma dessas variáveis permite uma seleção a partir de um grande número de valores possíveis, e estas alternativas são capazes de serem descritas em diferentes graus de detalhe. É uma calibração particular de alternativas a um determinado grau de detalhamento que constitui uma configuração contextual. Então, na verdade, quando debatemos a questão da singularidade de uma CC, nós estamos preocupados em estabelecer algum ponto específico na escala contínua de detalhamento; a questão pode ser parafraseada assim: como é que o ponto na escala de sutileza caracteriza o que nos referimos como uma CC?

O ponto de corte que eu sugeri é determinado pela minha concepção de identidade do gênero de texto; tenho argumentado que precisamos ir até aqui e não mais adiante na sutileza para estabelecer a identidade de uma CC, em que "até aqui" é apenas o suficiente para permitir a motivação de uma EPG. Uma pessoa não precisa saber todos os detalhes de uma situação específica, a fim de ser capaz de dizer como seria a forma, a estrutura geral de uma mensagem. Você pode ensinar alguém a escrever, digamos, um formulário de inscrição, sem saber quem é o requerente, ou quem é o concedente, ou o para que especificamente o candidato está se candidatando e quais justificativas estão sendo apresentadas para deferimento do pedido. Mas se for esse o caso, então seria errado afirmar que o gênero é diferente dependendo do formulário de inscrição, se é, digamos, para licença, ou para financiamento estudantil.

No entanto, dizer que esta última distinção não é relevante para a identidade de uma CC não quer dizer que a variação é sem importância ou superficial – simplesmente significa que os aspectos do texto que podem ser motivados não são cruciais para o estatuto do gênero do texto. Por exemplo, o fato de o canal fônico ser barulhento indica uma maior ocorrência de QV ou se a variação do valor da distância social indica uma maior ocorrência da Saudação, estes são sem dúvida importantes, mas não são cruciais para o estado do gênero do texto. Teremos um momento para comentar sobre a importância específica desses elementos adiante. Aqui, deixe-me salientar que a CC não é o fim da história, em que a noção de contexto está em causa: reiteramos, ela é simplesmente uma calibração particular de valores congelados em um determinado ponto no detalhamento de um propósito particular. Mover-se em sutileza é essencial para explicar outra característica dos textos.

A partir desse ponto de vista, cada CC é uma categoria de "uma classe", cujos membros individuais são, eles próprios, as classes de nível inferior. Vamos nos referir a elas como as classes 1 e 2, respectivamente. Para cada situação que é uma situação de classe 2, é necessária também uma situação de classe 1, assim como os atos de correr, saltar e andar são atos de um mesmo movimento. Nós podemos falar das situações de classe 2 como variantes de classe. Assim, CC1 tem muitas variantes.

A variação inerente de contexto

As variações são criadas, quer por um movimento no detalhamento, por exemplo, "canal: fônico" e mais "barulhento"; e/ou por alteração de valores, por exemplo, "distância social: quase máxima" em oposição a "distância social: não máxima". Qualquer uma dessas fontes de variação pode conduzir a uma alteração na estrutura real do texto, tal como ilustrado acima; mas isto não é, de forma alguma, necessário. Qualquer uma das duas coisas pode acontecer: ele pode não levar a nenhuma variação estrutural ou pode levar à variação de forma a mudar o tipo de situação particular da, digamos, CC1 para a CC2.

Ver Figura 2.1

Como exemplo do primeiro resultado, é muito improvável que a estrutura real de um formulário de inscrição fosse variar entre se o pedido é para licença ou para financiamento estudantil. Igualmente, não é provável que a estrutura real de um texto de compras vá mudar em relação ao fato de estarmos comprando laticínios, frutas ou legumes. Todos nós podemos pensar em muitos exemplos comparáveis a este. Como um exemplo de um segundo resultado, podemos considerar a alternância entre os modos da CC1 e da CC2. Existem diferenças essenciais entre as estruturas associadas com os dois. No caso da CC2 – devolver uma encomenda de mercadorias a serem entregues – nós poderíamos argumentar que a lista é um tipo de realização do PV (lembre-se de que o Pedido de Vendas é um elemento obrigatório na EPG1 associado à CC1). Mas seria impossível para nós sustentarmos que a EPG associada à CC2 é idêntica à EPG1. Por um lado, o elemento Conformidade de Vendas não pode aparecer; e em segundo lugar, é importante perceber que qualquer EP construída para atender a CC2 deve ser tal como cuidar de discretas encenações temporais, cujo efeito de cada elemento – que elemento é – tem de ser totalmente concluído antes que outra comece. Portanto, se a lista é vista como PV, não há nenhuma possibilidade de sobreposição entre o cumprimento do PV e Conformidade de Vendas; se a conta do acompanhante é interpretada como a realização do elemento Início da Venda, então o último termina muito antes da compra poder ter lugar. E poderá não haver realização formal do Fechamento da Compra, a não ser o saque do cheque, se o pagamento for feito em cheque. Na verdade, há uma boa razão para duvidar de que essas várias fases da atividade de "troca comercial" sejam produtivas para um texto, ou que elas devam ser consideradas como etapas da **mesma** CC. Naturalmente, existem conexões entre os estágios; mas também existem conexões entre o que vemos como atividades distintas. Por exemplo, a atividade social de ensinar algo aos alunos está muito intimamente relacionada à de examiná-los nesse mesmo assunto, mas não pensamos neles como exatamente o mesmo tipo de eventos – pelo menos não até vê-los de cima, como possivelmente duas manifestações do contexto da transmissão de conhecimento.

Esta discussão de alternância de valores foi útil. Ela aponta para o fato de que não existe nenhuma forma mecânica de decidir que tipo de variação nos valores é capaz de criar uma nova configuração contextual; e, no momento, a definição dada acima parece ser a melhor. Mas o mais importante, a discussão centrou-se mais uma vez na nossa atenção sobre a variabilidade inerente nos contextos. A mudança de foco pode nos permitir ver a CC1 e a CC2 como o mesmo contexto; uma mudança comparável no foco pode nos fazer ver as variações da CC1 como sendo o mesmo contexto, enquanto a partir dos níveis das próprias variantes cada uma poderia parecer tão distinta uma da outra quanto a CC1 e a CC2 a partir de seu próprio nível. Espero que não seja muito fácil dizer que a imprecisão é "da natureza das coisas". A textura da vida social humana é densa; as preocupações de uma comunidade estão interligadas. Assim, a partir desse ângulo, a instituição da justiça parece bastante distinta da instituição do cotidiano familiar; mas, a partir de outra, a própria continuidade da vida familiar é a *raison d'être* para a instituição da justiça. Situações são permeáveis. Daqui resulta que, quando falamos sobre duas CCs distintas, não há uma necessária implicação de que sua distinção seja absoluta. Afinal, a CC1 e a CC2 têm mais em comum do que parece. Sempre que há algo em comum entre duas (ou mais) CCs, é possível que o seu potencial estrutural também possa mostrar alguns pontos comuns. As relações entre ambas as distintas CCs e entre as variantes da mesma CC podem ser representadas graficamente pelos Diagramas 2.2 e 2.3. Lembre-se, porém, de que a representação gráfica é uma metáfora, não uma reprodução.

Diagrama 2.2 – Duas CCs particulares o que têm em comum

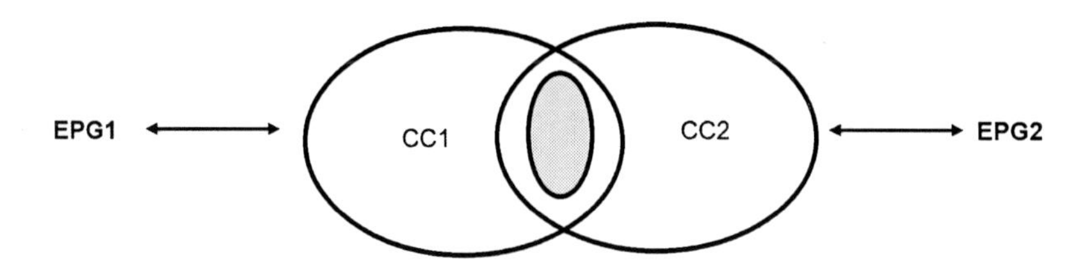

Fonte: proposição da autora

O Diagrama 2.2 mostra duas CCs particulares, cada uma tendo uma EPG distinta associada a ela. A matriz de estrutura real para a CC1 seria a realização de todas as possibilidades capturadas em EPG1; para a CC2, essa matriz seria composta de estruturas reais permitidas pela EPG2. A sobreposição – área sombreada – chama a atenção para as semelhanças entre a CC1 e a CC2. Por exemplo, vamos supor que compremos na CC1 vegetais e na CC2 um carro. Obviamente, há muito em comum entre o campo das duas CCs; é também possível que a distância social seja a mesma. Esperaríamos que essas semelhanças de CC fossem refletidas em alguns pontos em comum ao longo das duas EPGs. É esse tipo de comparação que nos permite responder a perguntas como: o que há em comum em todos os encontros de serviço?, o que há em comum a todas as interações no modo falado?, e assim por diante. Embora seja difícil imaginar quaisquer duas CCs que não têm absolutamente nada em comum, a área de sobreposição é variável: ensino de história e poesia têm mais em comum um com o outro do que qualquer um tem em comum com a compra de legumes. Vamos agora observar o Diagrama 2.3.

Diagrama 2.3 – Uma CC particular e suas variantes

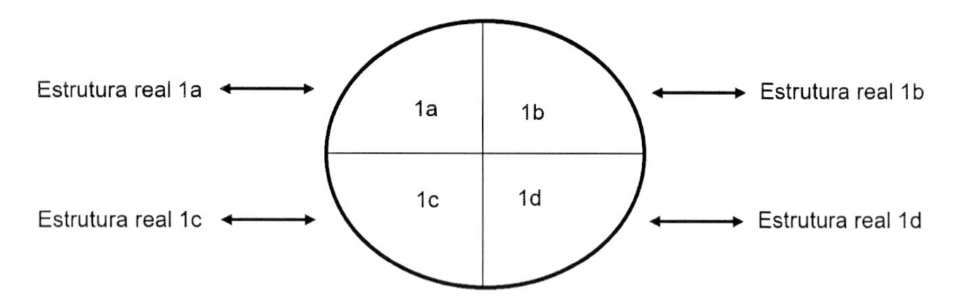

Fonte: proposição da autora

O Diagrama 2.3 mostra uma CC que tem apenas quatro variantes. Cada variante é um tipo de situação distinta e está associada a uma estrutura real. No entanto, essas estruturas reais terão muitos elementos em comum – na verdade todos os elementos obrigatórios e sua disposição *vis-à-vis* com o outro.

O que se considera um gênero?

Levanto essa questão aqui, especificamente, para lembrar de que esta é uma das questões que queríamos examinar, mas a discussão da identidade da CC provavelmente já deve ter resolvido esse problema. Se seguiu os meus argumentos até aqui, você vai antecipar as seguintes conclusões sobre gênero:

Gênero

1. Um gênero é conhecido pelos significados associados a ele; na verdade, o termo "gênero" é uma forma abreviada para a frase mais elaborada "potencial semântico específico do gênero";

2. O gênero tem uma relação lógica com a CC, sendo a sua expressão verbal. Se a CC é uma classe de tipo situação, então gênero é a língua fazendo o trabalho adequado a essa classe de acontecimentos sociais;

3. Os gêneros podem variar sutilmente da mesma maneira como podem os contextos. Mas para um determinado texto pertencer a um gênero específico, a sua estrutura deveria ter alguma possibilidade de realização na determinada EPG;

4. Daqui se conclui que os textos que pertencem a um mesmo gênero podem variar na sua estrutura; o que eles não podem variar sem consequências para sua alocação ao gênero são os seus elementos obrigatórios e suas disposições na EPG.

Uma questão que veremos mais adiante é: podemos afirmar definitivamente que as escolhas linguísticas, em um tipo de texto, são motivadas pelo gênero, de modo que todos os textos pertencentes a um gênero exibam essas propriedades linguísticas? Tomemos essa questão em conjunto com as da identidade de um texto. Finalmente, podemos levantar a questão de um gênero disfarçado, como na carta para "querida Jinny" (Texto 2.1).

Um texto e sua singularidade

Antes de responder às questões centrais desta seção, vamos primeiramente abordar de um ponto relativamente menor. Este ponto é a questão levantada anteriormente: qual é a base para a distinção entre textos completos e incompletos?

Novamente, se seguiu os argumentos anteriores, você também vai ver razão para querer lidar com esta questão em primeiro lugar. A resposta a esta pergunta está implícita no que foi dito sobre a CC e, portanto, por implicação sobre o gênero. A questão da integralidade textual só pode ser respondida por referência à noção de EPG. Um texto é percebido como completo se suas mensagens são tais que podem ser razoavelmente tomadas como a manifestação de todos os elementos obrigatórios de alguma EP particular. Portanto, qualquer texto que tem mensagens que poderiam ser vistas como a realização dos elementos PV, CV,

V, C e EC seria considerado um texto completo que pertence ao gênero de compra e venda de alimentos perecíveis em interação face a face. Precisamos adicionar a condição de que os elementos obrigatórios da EP devem ser realizados em alguma sequência permitida para que o texto possa ser considerado um exemplo bem formado de gênero. Assim, a identidade e a sequenciação dos elementos da estrutura formam a base mais confiável para fazer julgamentos sobre a completude e a incompletude de um texto. A resposta para a primeira pergunta, então, é em termos da unidade estrutural, não em termos de unidade de textura.

Será que a textura não desempenha nenhum papel em determinar se um texto está ou não completo? Parece que a relação é apenas em uma direção: se uma parte da língua está faltando na textura, então ele será um texto incompleto ou um não texto; mas o argumento não se aplica na direção oposta – algo que é totalmente coeso não representa necessariamente um texto completo. Deixe-me dar alguns exemplos. Suponha que tudo o que temos é a construção *acho que sou eu*; não temos dificuldade em dizer que isso, por si só, não poderia representar um texto completo normal; o dispositivo de coesão elíptica da oração *Sou eu* requer uma interpretação e é um tipo de reticências cuja interpretação é normalmente fornecida verbalmente. Então, precisamos de algo mais para ter até mesmo um texto mínimo, algo como *Você foi convidado para festa de Ano Novo de Mike?*, para que *Eu acho que eu fui* possa funcionar como uma resposta apropriada, concluindo uma interação mínima entre os dois participantes que talvez estejam trabalhando na mesma sala e tendo intermitentes pequenas conversas. Imagine, no entanto, que nos deparamos com um pedaço de papel em que está rabiscada a seguinte sequência de mensagens: *Muitos anos atrás havia uma menina e um menino. Eles não tinham pai ou mãe. Eles tiveram que trabalhar para viver*; agora essas orações são um "projeto" interpretado como coeso. Ainda assim não é suscetível de dizer que essa sequência representa um texto completo para ninguém. Esses exemplos mostram como a textura não é uma base tão certa para julgamentos relacionados à integridade de um texto como é a estrutura. Deixe-me também chamar a atenção para o que está implícito nessa resposta: dizer que a noção de "texto completo" é explicável por referência aos elementos obrigatórios de uma determinada EP é torná-la dependente da noção de identificação do gênero.

Gênero é a expressão verbal da CC

Com efeito, então, o que se está dizendo é que as características, os fatores que nos permitem julgar se um texto é ou não completo são essencialmente as mesmas características que também nos permitem identificar o seu registro, isto é, o seu gênero. Isso é bastante compreensível; gênero é a expressão verbal de uma configuração contextual. A natureza global da atividade social não só funciona como uma motivação para a EP, mas, em funcionamento, fornece as bases para a determinação da ideia de completude.

Níveis de identidade textual

Diferenças e semelhanças nos textos

A discussão da CC e do gênero preparou você para a visão de que a discussão sobre a singularidade de um texto é também a discussão sobre a maneira em que dois textos (ou mais) poderiam ser idênticos. Para chegar a uma visão equilibrada, temos de manter ambas as diferenças e semelhanças em mente ao mesmo tempo. Existem pelo menos quatro níveis em que essas diferenças e semelhanças podem ser percebidas.

singularidade de materiais e identidade verbal

Primeiro, a singularidade material e a identidade verbal. A frase de difícil interpretação refere-se a algo que você deve ter notado muitas vezes – que dizemos as mesmas palavras e frases em ocasiões distintas. Vamos dar um exemplo simples. Se, na noite de 16 de fevereiro de 1984, ao trancar a porta da frente, eu digo ao meu marido *Você colocou o gato para fora?* e ele diz que *sim*, isso poderia ser um texto completo. Agora imagine que na próxima noite há a mesma interação, só que desta vez estamos na cozinha – isso também pode ser considerado como um texto. Distingue-se do primeiro. Em um momento seguinte, é meu marido que me faz a mesma pergunta e minha resposta é sim. Então, temos aí um terceiro texto. Estes textos – gato 1, gato 2, e gato 3 – têm exatamente o mesmo conjunto de palavras e frases; mas todos nós poderíamos pensar neles como três textos individuais. A relação entre esses três textos não é a mesma que entre os diferentes exemplares deste livro. Se as três interações do gato são vistas como três textos distintos, isto é, porque cada uma tem uma *configuração da situação material* diferente; o tempo e o lugar de cada um são diferentes. Eles são materialmente únicos, embora verbalmente – do ponto de vista das palavras e das frases que são usadas – eles são idênticos. A singularidade material é o tipo mais simples de singularidade que pode ser utilizada para determinar a identidade de um texto, uma contra a outra.

O segundo nível pode ser formulado como singularidade verbal e identidade estrutural. Considere os Textos 2.3 e 2.4.

Texto 2.3

Singularidade verbal e identidade estrutural	C: Me vê dez laranjas e um quilo de bananas, por favor?	PV
	V: Sim, mais alguma coisa?	CV
	C: Não, obrigado.	
	V: Tudo fica em um dólar e quarenta.	V
	C: Dois dólares.	C
	V: Sessenta, oitenta, cem, dois dólares, muito obrigado.	EC

Como pode ser visto a partir dos símbolos na margem direita do texto 2.3 e do texto 2.4, a sua estrutura é idêntica: PV^CV^V^-C^EC. No entanto, as palavras e as frases dos dois textos diferem umas das outras. Como é fácil de admitir, estes dois textos diferem entre si, estes dois textos devem ter sido produzidos, pelo menos, em diferentes ocasiões; se tivessem sido produzidos ao mesmo tempo, em seguida, a interação seria distinta e vice-versa. A singularidade verbal pressupõe singularidade material, mas o inverso não é verdadeiro: cada texto que é uma forma verbal distinta de algum outro texto deve ter sido produzido em uma ocasião única; mas nem toda ocasião material que seja única é necessariamente produtiva de um texto verbalmente único.

Texto 2.4

Fala	Estrutura
C: Me vê meia dúzia de maçãs verdes, por favor?................................	PV
V: Mais alguma coisa?..	CV
C: Não, isso é tudo por agora..	
V: Noventa centavos...	V
C: Nove centavos? Oh, eu acho que eu entendi errado aqui.................	C
V: Obrigado, senhor...	EC

Voltemos agora para o terceiro nível de diferenças e semelhanças entre os textos. Compare os Textos 2.3 e 2.4 com o texto 2.5.

Texto 2.5

Fala	Estrutura
V: Bom dia, senhora Reid..	S
C: Bom dia, Bob..	
Me vê algumas maçãs..	PV
V: Isso é tudo por hoje?...	CV
C: Sim, obrigado..	
V: Sessenta centavos...	V
C: Está aqui...	C
V: Obrigado...	EC
Bom dia..	F
C: Tchau...	

.. A estrutura do texto 2.5 é S^PV^CV^V^-C^EC^F. Nem as palavras e as frases do texto 2.5 nem a sua estrutura é idêntica à do Texto 2.3 ou à do Texto 2.4. Mas não há nada em comum entre esses três textos? Esta é obviamente uma pergunta retórica, porque você pode ver que há um bom negócio em comum com a estrutura real destes três textos. Isso não é surpresa: eles representam duas possíveis realizações da mesma EPG. A singularidade estrutural pressupõe exclusividade verbal; não há dois textos que diferem em sua estrutura real e podem ter inteiramente as mesmas palavras e frases. Este princípio é demonstrado comparando o Texto 2.5 com os Textos 2.3 e 2.4. Mas, por outro lado, o fato de ter a mesma estrutura real não implica possuir a mesma identidade verbal; isto pode ser visto comparando os Textos 2.3 e 2.4.

Singularidade estrutural pressupõe singularidade verbal

O que há em comum entre os Textos 2.3, 2.4 e 2.5 é o seu *status* de gênero: eles são iguais porque os três apresentam propriedades da EPG1. Este ponto pode ser visto muito claramente comparando o texto 2.6 com os outros.

O Texto 2.6 se assemelha ao Texto 2.5, mas a semelhança entre estes dois é de um tipo diferente da que existe entre os textos de 2.3, 2.4 e 2.5. O Texto 2.6 se assemelha ao texto 2.7 porque ambos têm os elementos S e F, mas, como você se lembra, esses elementos têm *status* opcional na EPG1, e os elementos opcionais não são critério para o *status* de gênero dos textos. Por outro lado, o que há em comum aos Textos 2.2, 2.3 e 2.4 é que a sua estrutura real contém as partes obrigatórias de uma mesma EPG. Embora haja identidade de gênero entre esses três textos, todos eles são distintos do Texto 2.6 no que diz respeito ao gênero. Então, o Texto 2.5 e o Texto 2.6 são geneticamente únicos. Singularidade genérica pressupõe singularidade na estrutura real – ou seja, singularidade estrutural.

Texto 2.6

C: Boa tarde, sr. Berg.

B: Oh! Olá, sra. Clint. Como vai você?

C: Eu vou muito bem. Eu hum ah... Eu só quero... Eu gostaria de saber se eu poderia pegar uma muda de uma de suas plantas, sabe.
B: Oh, você é muito bem-vinda, querida. Qual delas – me diga, você pode pegar qualquer uma que você gostar, porque você sabe que eu ficaria muito feliz.
C: Oh, obrigada, isso é realmente fantástico, hum... essa, você sabe qual daqueles arbustos ali é o de brinco-de-princesa, eu adoro, só não posso...
B: Ah, mas isso é muito fácil, eu vou preparar para você levar daqui a uma semana – e sempre que você quiser alguma coisa, você só precisa me dizer – qualquer coisa.
C: Ah, obrigada, sr. Berg, isso é muito gentil – e hum, então devo passar aqui a uma semana, certo?
B: Sim, isso mesmo.

C: Bom vê-lo novamente, sr. Berg.

B: Sim, nos vemos.

Assim, dois textos que são genericamente únicos também são estruturalmente únicos – a sua estrutura real será diferente. Dois textos que são estruturalmente únicos também serão verbalmente únicos – as palavras e as orações dos textos serão diferentes. Dois textos que são verbalmente únicos também serão materialmente únicos – a exemplo da situação, a ocasião de fala de cada um deles vai ser diferente. Mas não é possível afirmar que, se dois textos são genericamente idênticos, então eles serão estruturalmente idênticos; ou se os dois textos são estruturalmente idênticos, então eles serão verbalmente idênticos; ou se eles são verbalmente idênticos, então eles serão materialmente idênticos. Por meio da construção em variação inerente ao conceito de EP e de CC, nós rejeitamos o determinismo bruto de que cada texto e seu contexto são totalmente preditivos um do outro. Fizemos isso, alegando que apenas certos aspectos dos textos são sensíveis às formas de generalização dos contextos.

Se a singularidade genérica de um texto pressupõe a singularidade até o primeiro nível, então não há nada em comum entre os dois textos originais genericamente? Para responder a esta pergunta, iremos fechar um círculo aberto no início do Capítulo 1: o que há em comum entre eles é a característica mais marcante do texto em geral – sua unidade, a unidade de estrutura e de textura. Mas há algum ponto em que estes dois tipos de unidades se juntam? Discuti com grande detalhe como estrutura e contexto estão relacionadas. O mesmo poderia ser dito sobre a textura e o contexto? Para responder a essas questões, devemos nos voltar para a questão da singularidade verbal.

Textura, estrutura e contexto

Em comparação com a textura, a estrutura enfoca os aspectos mais gerais – menos particulares – de um texto. Por isso, é possível falar sobre a realização de um elemento estrutural em termos de um conjunto de categorias gerais: não é de todo necessário mencionar itens específicos como tais. Esta é a razão pela qual a identidade verbal nunca é vinculada à identidade estrutural. Por exemplo, se voltarmos para a CC1, mais uma vez, podemos dizer que os textos incorporados como variantes desse contexto são suscetíveis de conter significados que podem ser realizados por:

1. Processos – palavras que são verbos – que são essencialmente relacionais, voltados para a atribuição, por exemplo, ter, ser, ver, aparecer, custar, pesar, medir ou um pequeno conjunto de processos mentais de reação que são "pré-possessivos", por exemplo, querer, gostar, amar, cuidar, e, possivelmente, alguns outros;

2. Coisas – palavras que são substantivos – que pertencem à classe de bens concretos que são orgânicos, comestíveis e perecíveis; e outro conjunto referente a dinheiro;

3. Modificadores – palavras que são descritivas, por exemplo, os adjetivos – que podem se referir ao tamanho, à quantidade ou à qualidade;

4. Interactantes – o "eu" e o "você" – que se referem a si mesmo e aos outros no estabelecimento;

5. As funções da mensagem variam quanto à especificação da necessidade, procura, demanda, descrição, busca.

Gostaria de enfatizar o fato de que aquilo de que estou falando são significados, não seus fraseados. Claro que há apenas este problema que – como disse TS Eliot – "Eu tenho que usar palavras quando eu falo..." e isso é muito mais verdadeiro aqui precisamente porque estamos em um registro, onde o papel da linguagem não é acessório, mas em definição, toda a atividade significativa é manifestável apenas através de linguagem. Portanto, ao ler as linhas acima, pode parecer a você que não estou dizendo nada, mas que certas classes de palavras devem ocorrer em qualquer texto inserido em qualquer variante da CC1. Mas, na verdade, a declaração da "linguagem" específica de um gênero é mais bem dada em termos de categorias semânticas, em vez de categorias léxico-gramaticais, uma vez que (1) a gama de significados tem realização variável; e (2) as escolhas mais detalhadas na área geral não são um assunto do ambiente do gênero. Esses dois fatores são relevantes para a textura.

Deixe-me dar um exemplo do que quero dizer para a primeira justificativa dada acima. Em primeiro lugar, um significado particular pode ser realizado léxico e/ou gramatical e/ou fonologicamente. Tomemos a noção de *exigir*. Poderíamos dizer *Largue de uma vez* ou *exijo que você deixe imediatamente*. Ambos transmitem o significado de exigir, mas apenas o último tem uma realização lexical também. Mesmo dentro da área de léxico, dois vetores de variação são possíveis. Eu não tenho que dizer ao vendedor que *Eu quero duas maçãs verdes*; eu posso dizer *Aquelas duas*, se as maçãs estão lá e eu já comecei a minha lista de compras. Significados não têm que ser codificados explicitamente, usando o que é conhecido como o item totalmente lexical ou palavras de conteúdo. Vejamos outro exemplo: eu vou ao açougue e digo *Perna de cordeiro, por favor, do tamanho de sempre*. Aqui a codificação de "quantidade" está implícita, mas desta vez, a condição para o seu uso apropriado não pode ser indicada por referência à *configuração da situação material*. Em vez disso, eu preciso olhar para a configuração contextual, especialmente para os valores da variável "relações": qual é a "distância social" entre mim e o açougueiro? Se é "não máxima", isso significa que eu interajo com esse vendedor com certa frequência: familiaridade nem sempre gera desprezo; ela também gera conforto.

O conforto de saber o que uma pessoa é aumenta na medida em que a frequência e a variedade de tipos de interação aumentam. A expressão implícita *tamanho de sempre* pode ser interpretada sem qualquer problema pelo açougueiro que me vende carne regularmente: então se "comunicação" é o nome do jogo, então restrições exofóricas (HASAN, 1984c) deste tipo só podem ser usadas de forma adequada para a realização de determinados significados da existência de um corpo de experiências compartilhadas relevantes entre os interactantes. Estes exemplos destacam o fato de os significados poderem ser codificados de forma explícita ou implicitamente; e que certos tipos de implícitos são adequados para certos valores contextuais específicos. A segunda justificativa de variação na codificação lexical surge a partir da distinção entre sentido geral e específico. Os itens lexicais de uma língua são variáveis em especificidade; este fato é representado na relação de hiponímia, logo, fruta é menos específico do que, digamos, maçã ou pera. Mas a própria fruta é menos geral do que, digamos, coisa (HASAN, 1984d). Eu não tenho que dizer a um atendente que *Eu quero comprar...*; posso dizer *Me vê...* Quanto mais geral o item lexical, mais o seu significado em qualquer dada circunstância é condicionado por seu ambiente de gênero – ambos cotextual e contextual. Isoladamente, uma pergunta como *Você tem chá?* seria normalmente interpretada como uma questão sobre a preferência do cliente por chá; mas ainda em anos de compras, nenhum vendedor respondeu *Não, eu bebo café*. Isso ocorre porque, no contexto do gênero compras, esta questão é interpretada como *Será que esta é uma loja que trabalha com chá?* Então essas realizações variantes – em algum sentido com os mesmos significados – são uma das razões do porquê defendo que a identidade de gênero entre dois textos não deve ser pautada na identidade verbal.

As áreas de significados, tais como são especificados na nossa lista anterior numeradas de 1 a 5, embora limitadas, quando comparadas com o sistema total da linguagem, representam ainda uma vasta área de movimentação. Assinalei acima que, no que diz respeito ao status do gênero de um texto, não faz diferença se, como uma instância de compra, "pedimos" um quilo de feijão ou um litro de leite. Mas um texto está sempre incorporado em uma situação específica, tanto quanto está em uma CC. Ou seja, certos aspectos de um texto são determinados pelo aqui e agora de uma interação particular. Nessa medida, a seleção específica de significados a partir de uma vasta gama permitida é ESPECÍFICA, ou seja, ela só acontece neste momento, neste lugar, com estes papéis e está focada neste caso específico da gama do gênero. Assim, quando se trata do desdobramento da estrutura real do texto, tanto o falante quanto o ouvinte devem se atentar precisamente para esses significados oportunamente selecionados, pois, no nível do texto, é muito importante a pessoa voltar com um litro de leite quando saiu para buscá-lo ou um quilo de feijão! No nível do gênero, essas seleções oportunistas só são relevantes na medida em que elas são manifestações de uma abstração de ordem superior.

Agora, essas seleções oportunistas são verdadeiramente o cerne das relações textuais no texto. E se você considerar a questão

Ver Figura 1.3

com cuidado, vai notar que as seleções oportunistas são precisamente as que são regidas por valores altamente delicados do tipo de situação. Então, o campo não é apenas "transação econômica: compra: alimentos perecíveis", mas também "mantimento: frutas: morango". É a seleção de "morango" que justifica os atributos maduros e doces no texto 1.2. Se o cliente no texto 1.2 compra salsão ou pimenta verde, esses atributos seriam inadequados. Então, para colocar informalmente, na compra de pão, os atributos e as expressões de quantidade serão decididamente diferentes daquelas que eu preciso para comprar bananas. E esta é a substância da qual é feita a coesão: a harmonia coesa não é um fenômeno que acontece, por assim dizer, independentemente do que está sendo feito; a diferença de um significado tem repercussões para outros significados no texto, e é a inter-relação de significados que se reflete em harmonia coesa, como tentei mostrar no Capítulo 5 do livro *Language, context and text: aspects of language in a social-semiotic perspective*. O que é único para o texto também forma a base do que tem de ser a coesão. Você não "descasca" mais bananas do que precisa para um "pão de banana sem fermento". Tem sido dito, a propósito dos diálogos, que, assim que a outra pessoa abre a boca e diz algumas palavras, as possibilidades do que você pode dizer se limitam bastante. Gregory Bateson (1972) transmite a mesma ideia: "A partir do que eu digo, é possível fazer previsões sobre como você vai responder. Minhas palavras contêm significados e informações sobre a sua resposta". Vou um passo além: estou sugerindo que, independentemente de se tratar de um diálogo ou de um monólogo, assim que você disser uma palavra, você terá criado um ambiente. Quanto mais é dito, maiores as limitações sobre o que pode ser dito de forma relevante e sensível – e enquanto você está sendo relevante, isso significa que você deve empregar os dispositivos que irão construir relações de correferencialidade e coclassificação, bem como levar à formação de campos semânticos. O tipo de situação, em um elevado grau de especificidade, é relevante para a textura; você poderia vê-lo como a força motivadora de textura. Mas, pela mesma razão, os fatos da textura constroem os aspectos muito detalhados da situação em que o texto ganhou vida.

Quando levantamos a questão da relação específica entre os elementos de estrutura e os elementos da textura, uma descoberta interessante nos últimos anos foi a de que as cadeias coesivas apresentam uma relação estreita com os movimentos estruturais do texto. Até agora, esta descoberta é restrita a duas das principais categorias do gênero: narrativas ficcionais (HASAN, 1984b) e exposição (MARTIN, 1984). Mais pesquisas são necessárias para confirmações dessa relação.[18]

Um gênero disfarçado: o que isso nos diz?

Após ter examinado a questão do texto, gênero, identidade e contexto, podemos voltar agora para a carta dirigida à "Querida Jinny" (Texto 2.1). Por que lemos isso como "um anúncio publicitário composto como se fosse uma carta"? Há a realização óbvia do elemento estrutural "endereçamento" presente em *Querida Jinny*. O primeiro argumento que somos tentados a dar contra a identificação de 2.1 como uma carta é a conversa sobre creme facial da Glo-Quick.

Pode-se afirmar que este não é o tipo de coisa que se fale em cartas. Mas, de fato não parece haver nenhum tópico ou objeto de restrição material em cartas para um amigo próximo. O que se torna suspeito é o exagerado elogio e o estilo altamente

[18] N.T.: A pesquisa de Hasan aqui traduzida é de 1985 e reeditada em 1989. Outras pesquisas sobre o texto expositivo foram desenvolvidas, como Martin e Rose (2008) e Rose e Martin (2012).

explícito em que o elogio é formulado. Se Jinny é tão próxima do escritor a ponto de recomendar um tratamento de beleza e ser o destinatário de informações tão íntimas como as oferecidas na última oração do fragmento, é altamente improvável (1) que a carta continuasse sem algum tipo de saudação ou outra indicação de sociabilidade após a saudação inicial; e (2) que a autora detalhasse tudo com tanto cuidado e (3) antecipadamente. O exagero no elogio é um atributo bem conhecido dos anúncios. Explicitação é essencial para a realização da venda, sem a qual o anúncio não irá atingir o seu objetivo.

Vemos, então, que, para determinar o gênero de um determinado texto, temos a tendência de analisar muitas características de uma vez. O que, para quem e como dizer são igualmente importantes; textos não têm realizações discretas em cada um desses aspectos. Assim, enquanto uma especificação muito sutil de campo pode nos "indicar" a realização de uma área específica do léxico, a descrição igualmente sutil de relações pode determinar se o nível do vocabulário tem que ser formal ou informal – se precisamos dizer *examine (este) documento* ou *leia (estas) coisas*, se falamos de *aranhas* ou *aracnídeos*. O modo determinará tais coisas como se determinados tipos de implícitos podem ser interpretados ou não; não adianta eu dizer *leia estas coisas* se você não pode ver o que são "estas coisas". Um texto tem muitos modos de existência e por isso pode ser analisado em muitos níveis diferentes, cada um contribuindo para o nosso entendimento sobre os fenômenos analisados.

REFERÊNCIAS

Cap. 1 – A Estrutura do Texto

CHRISTIE, F. 'Learning to white: A process of learning how to mean'. *English in Australia,* v. 66, p. 4-17, 1983.

CLORAN, C. (1982), *The role of language in negotiating new contexts.* BA (Hons) thesis, Macquarie University, Sydney.

GEROT, L. (1982), *A question of answers in reading comprehension.* MA (Hons) thesis, Macquarie University, Sydney.

GOFFMAN, E. *Frame Analysis:* An Essay on the Organization of Experience. New York: Harper & Row, 1974.

GOFFMAN, E. *Forms of Talk.* University of Pennsylvania Press, Philadelphia, 1981.

HALLIDAY, M. A. K. 'Text as semantic choice in social contexts'. *In*: T. A. van Dijk; J. S. Petöfi (ed.). *Grammars and Descriptions.* Berlin: W. De Gruyer, 1977.

HALLIDAY, M. A. K. *Spoken and Whitten Language* (ECS805 Specialised Curriculum: Language and learning). Vic: Deakin University, 1985a.

HASAN, R. 'Code, register and social dialect'. *In*: B. Bernstein (ed.). Class Clodes and Control, v. 2. *Applied Studies Towards a Sociology of Language* (Primary Socialization, Language and Education). London: Routledge & Paul, 1973.

HASAN, R. 'Text in the systemic-functional model'. *In*: W. U. Dressler (ed.). *Currrent Trends in Textlinguistics.* Berlin and New York: W. de Gruyter, 1978.

HASAN, R. 'On the notion of text'. *In*: J. S. Petöfi (ed.). *Text vs. Sentence:* Basic Questions of Textliguistics. Hamburg: Helmet Buske, 1979.

HASAN, R. 'what's going on: a Dynamic view of context in language'. *In*: J. E. Copeland; P. W. Davis (ed.). *The Seventh LACUS Forum*. Hornbeam Press Columbia, SC, 1980.

HASAN, R. 'Coherence and cohesive harmony' *In*: J. Flood (ed.). *Understanding Reading Comprehension*, Del: IRA Newark, 1984b.

MARTIN, J. R.; ROTHERY, J. 'Whiting Report No.1'. *Working Papers in Linguistics*, Department of Linguistics, Sydney University, Sydney, 1980.

MARTIN, J. R.; ROTHERY, J. 'Whiting Report No.2', *Working Papers in Linguistics*, Department of Linguistics, Sydney University, Sydney, 1981.

SACKS, H.; SCHEGLOFF, E.; JEFFERSON, G. 'A simples systematics for the organization of turn-talking in conversation'. *Language*, v. 50, p. 696-735, 1974.

VENTOLA, E. M. 'The structure of casual conversation'. *Journal of Pragmatics*, v. 3, p. 3-4, 1979.

Cap. 2 – A identidade do texto

BATERSON, G. *Steps to an Ecology of Mind*. New York: Ballantine Books, 1972.

HALLIDAY, M. A. K. *An Introduction to Functional Grammar*. London: Edward Arnold, 1985.

HASAN, R. 'Coherence and cohesive harmony'. *In*: J. Flood (ed.). *Understanding Reading Comprehension*. Del: IRA Newark, 1984b.

HASAN, R. 'Way of saying and way of meaning'. *In*: R. Fawcett; M. A. K. Halliday; A. Makkai; S. M. Lamb (ed.). *The Semiotics of Culture and Language*. London: Frances Pinter, 1984c.

HASAN, R. 'What kind of resource is language?' *Australian Review of Applied Linguistics*, v. 7, n. 1, p. 57-85, 1984d.

MARTIN, J. R. 'Language, register and genre'. *In*: *Children Writting*: Reader (ECT412 Children Writing). Vic: Deakin University, 1984. p. 21-30.

Referências adicionados pelo tradutor

MARTIN, J. R.; ROSE, D. *Genre relations:* mapping culture. Londres: Equinox, 2008.

NIXON, R. O termo "Terceiro Mundo" é obsoleto. *Folha de São Paulo*, São Paulo, 8 mai. 1994. Disponível em: https://www1.folha.uol.com.br/fsp/1994/5/08/mundo/10.html. Acesso em: ago. 2023.

ROSE, D.; MARTIN, J. R. *Learning to write, Reading to learn:* genre, knowledge and pedagogy in the Sydney School. Londres: Equinox, 2012.

ÍNDICE REMISSIVO